RITA POHLE

LASS LOS,
WAS DEINE
SEELE BELASTET

Bestands-aufnahme
Seite 9

Die Fasten-praxis
Seite 37

Strategien für die Zukunft Seite 101

Loslassen, was belastet, …

• • • ist leichter gesagt als getan. In einer Welt, in der jeder funktionieren soll, in der Schwächen unerwünscht sind, in der die Ansprüche an sich selbst oft zu hoch sind, ist es umso wichtiger, innezuhalten und sich zu fragen: Bin ich zufrieden mit meinem Leben, oder gibt es Sachen, die mich belasten? Vielleicht hilft Ihnen dabei ein Bild: Wenn Sie Ihr Leben mit einem Haus vergleichen, ist es dann spärlich möbliert wie ein Designerloft? Oder ist es voll gestellt mit Möbeln und vielen mehr oder weniger nützlichen Dingen? Steht dort »inneres« Gerümpel wie antrainierte Verhaltensweisen aus der Kindheit, die immer gleichen Beziehungsmuster, lästige Gewohnheiten oder eingefahrene Meinungen? Welche »Möbel« stören Sie, welche belasten Sie?

Genau hinzusehen, in sich hineinzuhorchen, das ist der erste Schritt. Denn über Selbsterkenntnis und Selbstreflexion finden Sie die Dinge, die Sie belasten, die Sie angehen müssen. Die Dinge, die Sie auf Ihrem Weg zu einem freien und glücklichen Leben loslassen müssen. Analysieren Sie dafür Ihren Lebensalltag: Was ist Ihnen einfach zu viel? Sind es die tagtäglichen Aufgaben? Oder haben Sie zu viele Gedanken, die in Ihrem Kopf herumschwirren? Sind es die Erwartungen anderer oder Ihre eigenen?

Jetzt haben Sie Ihre mentalen »Problemzonen« erkannt. Und nun? Gehen Sie sie an! Scheuen Sie sich nicht vor Veränderung! Oft leben wir nach dem Motto: besser ein vertrautes Chaos als eine unbekannte Ordnung! Denn das Ungewisse ist zunächst einmal eine Bedrohung des gewohnten Lebens. Wenn der Mensch wählen kann, zieht er deshalb alles Vertraute dem Unvertrauten vor. Dabei kann das Unbekannte eine Verbesserung des Lebens bedeuten. Und Loslassen ist so einfach! Stellen Sie sich vor, Sie könnten Probleme genauso loswerden wie überflüssige Pfunde. Mit mentalem Fasten! Wenn sich beispielsweise ein Problem nähert, dann lehnen Sie dankend ab, mit der Begründung: »Sorry, aber ich faste gerade. Ich nehme in dieser Woche keine Probleme zu mir!« Wie Sie diese Leichtigkeit des Loslassens in Ihrem Leben realisieren und dauerhaft behalten, erarbeiten wir Schritt für Schritt in diesem Buch.

Mentales Fasten heißt, eine Bilanz des Lebens zu ziehen und all das loszulassen, was Sie in Ihrer persönlichen Entwicklung und Ihrem Glück stört. Loslassen und die Seele entlasten heißt, auf das Zuviel zu verzichten, Störendes gehen zu lassen. Loslassen heißt auch, sich darüber im Klaren zu sein, was man behalten möchte und sich dementsprechend zu entscheiden. Loslassen ist die Voraussetzung für ein glückliches Leben.

Also, worauf warten Sie noch?

✓ TEST Brauche ich eine mentale Fastenkur?

Manchmal ist mir alles zuviel.	ja	nein
Manchmal wächst mir alles über den Kopf.	ja	nein
Ich beschäftige mich oft in Gedanken mit den Problemen meiner Angehörigen und meiner Mitmenschen.	ja	nein
Ohne Kaffee komm ich morgens kaum in die Gänge, auch zwischendurch brauche ich immer wieder einen Koffein-Kick.	ja	nein
Ich gebe viel auf die Meinung meiner Mitmenschen und grüble lange über deren Bemerkungen nach.	ja	nein
Wenn ich ohne Handy aus dem Haus gehe, fehlt mir etwas.	ja	nein
Wenn ich ohne Make-up aus dem Haus gehe, fühle ich mich wie nackt.	ja	nein
Wenn ich morgens keine Zeitung gelesen habe, fühle ich mich uninformiert.	ja	nein
Immer wenn ich eine Arbeit abgeschlossen habe, denke ich, ich hätte es noch besser machen können.	ja	nein
Ich checke auch am Wochenende meine E-Mails.	ja	nein
Ich bin oft mit dem Ergebnis meines Handelns unzufrieden und kritisiere mich dann selbst.	ja	nein
Mein Tag könnte ruhig ein paar Stunden mehr haben.	ja	nein
Ich habe oft ein schlechtes Gewissen.	ja	nein
Ich komme nur langsam zum Ende einer Arbeit, weil ich immer denke, dass es doch noch besser geht.	ja	nein

Ich habe für jede Lösung ein Problem und denke oft
darüber nach, was Schlimmes passieren könnte.   ja   nein

Wenn ich mich belohnen möchte,
kaufe ich mir etwas Schönes.   ja   nein

Ich fahre im Urlaub am liebsten
an mir bereits bekannte Orte.   ja   nein

Ich kann vor dem Fernseher
so richtig entspannen.   ja   nein

Manchmal kann ich mich zwischen mehreren
Möglichkeiten nur schwer entscheiden.   ja   nein

Ich habe das Talent, mehrere Dinge gleichzeitig zu tun,
und bin sehr stolz auf diese Gabe.   ja   nein

Ich fühle mich unausgelastet, wenn ich nicht
mehrere Dinge gleichzeitig erledige.   ja   nein

Ich versuche meistens, alles so perfekt
wie möglich zu machen.   ja   nein

Ich frage mich oft, wieso andere geringere
Ansprüche an sich stellen als ich an mich.   ja   nein

*Auch wenn Sie nur dreimal mit »Ja« geantwortet haben, sollten Sie unbe-
dingt weiterlesen. Falls Sie mehr als fünfmal mit »Ja« geantwortet haben,
besteht sogar dringender Handlungsbedarf!*

Bestandsaufnahme

UNSER LEBEN SCHEINT VOLL VON ALLTÄGLICHEN PROBLEMEN, kein Tag vergeht, an dem wir uns nicht sorgen oder ängstigen. Veränderungen scheinen uns schwerzufallen, denn wir sind gefangen in altbekannten Mustern, die zum Teil noch aus der Kindheit stammen. Wir stecken fest in den eingefahrenen Wegen unserer Beziehungen, wir klammern uns an unsere lieb gewonnenen Gewohnheiten. Auch wenn wir mit ihnen auf Kriegsfuß stehen, ziehen wir dieses vertraute Leben einem unbekannten, aber vielleicht besseren vor.

Solange uns jede Veränderung als eine Bedrohung erscheint, schließen wir Verbesserungen aus unserem Leben aus. Lieber halten wir am Alten fest, anstatt Neues zu riskieren und unser Leben zu entschlacken. Aber worum geht es uns wirklich? Was wollen wir ungern loslassen? Um eine Veränderung anzugehen, schauen wir uns zunächst den Status quo an: Wo stehen wir? Was ist uns wirklich wichtig, was nützt uns in unserem Leben und was bremst, blockiert, hindert uns am Weiterkommen?

Denn Fakt ist: Es kann nichts Neues in unser Leben kommen, wenn nichts Altes geht! Erst wenn wir das ein oder andere loslassen, wenn wir unser Leben »verschlanken«, machen wir Veränderungen und Entwicklungen möglich. Hinsichtlich des Lebensalltags zu fasten heißt, sich zunächst einmal darüber klar zu werden, wovon wir genug haben und was uns nicht guttut. Dann erst können wir uns auf das wirklich Wichtige besinnen und das, was uns bremst und am Weiterkommen hindert, loslassen. Also packen wir's an!

Üben Sie Verzicht!

Jeder weiß: Wer abnehmen möchte, muss auf die Sahnetorte verzichten. Freiwilliger Verzicht kontrolliert die Situation: »Nein danke, ich esse zum Kaffee keine Torte, auch wenn sie lecker aussieht.« Wenn man sich selbst entscheidet, zu verzichten, fühlt man sich gut, ist Herr der Lage und fühlt sich nicht fremd gesteuert. Wenn uns jemand die Torte vorenthalten würde, obwohl wir sie essen wollen, wären wir sauer!

In schlechten Zeiten ist Verzicht kein selbst gewählter Zustand, man wird durch Knappheit dazu gezwungen. Aber auch dann kann man wählen, wie man mit der Situation umgeht: Klagt und jammert man? Oder sagt man sich: »Was ich mir nicht leisten kann, das brauche ich auch nicht.«? Diese Einstellung bringt uns aus der passiven Opferhaltung in die Rolle des aktiv Entscheidenden.

Wer auf mentaler Ebene entschlacken möchte, muss auf alles verzichten, was zur mentalen Belastung werden könnte oder bereits eine Belastung ist. Worauf könnten Sie locker verzichten? Auf Ihre eingefahrenen Gewohnheiten? Auf die ungefragten Kommentare anderer? Auf die Nörgeleien Ihrer Mutter, die guten Ratschläge Ihres Vaters …? Entscheiden Sie sich einfach, dies alles in Zukunft nicht mehr zu brauchen. Sie werden feststellen, dass das schwieriger ist, als es den Anschein hat: Denn etwas herzugeben bedeutet, das Leben zu verändern, und dagegen sträuben sich zunächst alle unsere Zellen. Wenn Sie Ihren eigenen Widerstand spüren, dann fragen Sie sich selbst, warum Sie nicht verzichten möchten: »Warum brauche ich das noch? Warum bin ich noch nicht bereit, mich davon zu lösen? Muss ich mich jetzt dieser Ablehnung, diesen Nörgeleien aussetzen? Vielleicht hängt mein Herz daran?«

Manche Gewohnheiten und Verhaltensweisen sind uns in Fleisch und Blut übergegangen, obwohl wir sie nicht mögen. Aber sie geben uns das Gefühl von Vertrautheit. Vielleicht erinnern sie uns an Situationen in der Kindheit? Vielleicht fühlen wir uns auch nur stark, weil wir sie ertragen und handhaben können. Freiwillig Verzicht zu üben heißt, bewusst Nein zu sagen! Sowohl in materieller Hinsicht (»Nein, ich brauche kein neues Paar Schuhe!«) als auch auf der mentalen Ebene (»Nein, das ist nicht mein Problem!«). Sagen Sie Nein, wenn neue Aufgaben an Sie herangetragen werden und Sie ohnehin in Arbeit fast ersticken. Sagen Sie Nein, wenn Sie sich in Ihrer Hilfsbereitschaft wieder mal ausgenutzt vorkommen! Vervollständigen Sie diesen Satz: »Ich verzichte in Zukunft freiwillig auf …«. Fragen Sie sich, wenn etwas Neues kommt: »Bereichert es mich wirklich, und nehme ich es an? Oder sollte ich lieber darauf verzichten?«

 ## Worauf könnten Sie sofort verzichten?

- Schauen Sie sich in Ihrer Umgebung um und stellen Sie sich die Frage: Was brauche ich nicht mehr? Einen Teil Ihrer Schuhe, die Bilder an der Wand? Legen Sie sich eine Liste an mit den »materiellen« Dingen in Ihrer Umgebung, auf die Sie sofort verzichten könnten.

- Gehen Sie diese Liste nochmals durch und fragen Sie sich, ob Sie all das wirklich nicht mehr brauchen. Sie haben es sich anders überlegt? Weil mit den Dingen Bequemlichkeit oder Status einhergehen?

- Machen Sie eine Liste der Gewohnheiten, Probleme oder anderen Dinge, auf die Sie freiwillig gerne verzichten würden.

- Sind Sie nicht sicher, ob Sie auch wirklich darauf verzichten wollen? Warum halten Sie denn noch daran fest?

- Überlegen Sie, welche Punkte Sie als erste loslassen möchten.

Bilanzieren Sie!

Vielleicht haben Sie ja schon einmal gefastet, eine Woche lang nichts gegessen? Der Körper fühlt sich frei und entschlackt. Das körperliche Fasten geht einher mit einer persönlichen Bilanz. Sie fragen sich, wie es überhaupt so weit kommen konnte. Sie ziehen Bilanz in Bezug auf Ihr früheres Leben. Ähnliches spielt sich beim mentalen Entrümpeln ab. Sie bilanzieren und blicken zurück. Sie fragen sich, wo Sie noch vor einigen Jahren standen, womit Sie Ihre Zeit verbracht oder vergeudet haben. Sie schauen sich das Heute an und gehen in sich: Fühlt sich mein Leben heute leicht an, oder hat sich mentaler Ballast angesammelt?

Ehrlichkeit ist gefragt

Im Idealfall führen Sie ein authentisches Leben voller Lebensqualität und verfolgen unbeirrt Ihre Ziele. Oder aber Sie sind auf der Strecke irgendwo vom Weg abgekommen, haben etwa den falschen Job gewählt oder eine andere Fehlentscheidung getroffen. Schauen Sie sich an, was Sie belastet, womit Sie sich selbst das Leben schwer machen! Vielleicht gibt es ja alte Denkmuster, an denen Sie noch festhalten, die Sie jedoch heute keinen Schritt weiterbringen. Wahrscheinlich stehen Entscheidungen an, die das weitere Lebensglück bestimmen werden. Darum fragen Sie sich: Welche Entscheidungen müsste ich dringend treffen?

Runde Geburtstage oder Lebenskrisen sind oft Anlass für eine Bilanz, dabei können wir jederzeit unser eigenes Leben bilanzieren. Alles was es dazu braucht, ist etwas Zeit und ein Moment der Ruhe. Ihr eigenes Lebensglück sollte es Ihnen doch wert sein, dass Sie einmal genau über sich selbst, Ihre Bedürfnisse und Wünsche nachdenken. Vielleicht ist in Ihrem Leben ja alles wunderbar und in Ordnung. Vielleicht aber findet sich der eine oder andere Punkt, der Sie belastet, der Ihnen zu viel ist?

Freiwilliger Verzicht kann sehr befreiend sein! Aber auch mit einem unfreiwilligen Verzicht sollten Sie souverän umgehen. Sagen Sie sich: »Danke, ich brauche dich nicht.«!

Wenn Sie Ihr Leben bilanzieren, dann stellen Sie sich auch Ihren Ängsten und Sorgen. Gestehen Sie es sich ganz offen ein, falls Sie unter großem Druck stehen und sich gestresst fühlen. Nur durch Ehrlichkeit sich selbst gegenüber lassen sich die Situationen verändern. Gehen Sie dabei Ihr Berufs-, aber auch Ihr Privatleben durch. Unser aller Leben ist heutzutage hochkomplex, voller Ansprüche und Aufgaben. Wenn Sie in Gedanken durch Ihr Leben spazieren, beobachten Sie Ihre Gefühle. Bei welchen Gedanken tritt ein diffuses Unwohlsein oder ein Fluchtreflex auf? Wann drückt es im Bauch? Und wobei haben Sie ein wohliges Gefühl? Hören Sie auf dieses Gefühl, denn Ihr Bauchgefühl ist Indikator für die Stimmigkeit in Ihrem Leben!

Wollen Sie etwas verändern?

Bilanz ziehen heißt nicht mehr als den momentanen Istzustand mit dem erwünschten Sollzustand zu vergleichen. Zu handeln bedeutet jedoch, sich zu fragen, wie man vom Ist zum Soll kommt. Dazu müssen Sie sich darüber im Klaren sein, wie der erwünschte Sollzustand aussieht. Nur noch halb so viel arbeiten und dafür doppelt so viel verdienen? Die Frage ist danach nur noch die, wie Sie dieses Ziel nun erreichen. Das Leben zu bilanzieren bedeutet, mentale Schlacken zu enttarnen. Zu handeln bedeutet, diese aus Ihrem Leben zu vertreiben und in Zukunft darauf zu achten, dass sie sich niemals wieder einnisten.

Entschlacken Sie!

Schlacken allgemein sind die Rückstände, die bei einer Verbrennung übrig bleiben. Schlacken im Körper sind schädliche Stoffwechselprodukte, wie beispielsweise Ablagerungen an den Darmwänden. Um eine gesunde Aufnahme neuer Nahrung zu gewährleisten, geht dem Fasten eine Darmreinigung voraus. Es wird also Altes rausgeputzt, um Neuem Platz zu machen. Genauso verhält es sich mit mentalem Fasten. Mentale Schlacken können alte Speicherungen sein, die uns an der Aufnahme von Neuem hindern. Durch scheinbar »schlechte« Erfahrungen sind wir beispielsweise zu der Überzeugung gekommen, dass Männer unzuverlässig und untreu sind. Diese Schlacke kann eine Blockade sein, die uns daran hindert, positive Erfahrungen zu machen. Ebenso können wir die Schlacken unserer Erziehung schwer ablegen, viele verbleiben in uns bis in das Erwachsenenalter. Dies kann als Einstellung gespeichert werden, zum Beispiel: »Ein nettes Mädchen tut so etwas nicht.«

Um mental zu fasten, müssen Sie zunächst einmal Ihre Schlacken definieren. Räumen Sie Ihr inneres Haus auf und fördern Sie den alten »Müll« zutage! Schlacken können sich auch als scheinbare »Werte« oder als Vorurteile tarnen. Welche persönlichen Schlacken Ihren Geist verstopfen, können nur Sie herausfinden. Gibt es zum Beispiel immer wiederkehrende Gedankenmuster, die Sie behindern? Haben Sie eingefahrene Meinungen oder sind Sie geistig so beweglich, dass Sie Ihre Weltanschauung täglich überdenken? Dann ist die Zeit reif für mentales Fasten! Mentales Entschlacken beginnt mit dem Bewusstwerden! Dieses setzt voraus, dass wir uns täglich mit unseren eigenen Gedanken, Meinungen und Überzeugungen auseinandersetzen. Denn diese bestimmen unser Handeln!

Leben ist Wandel. In dem Moment, in dem Sie Ihr Leben verändern oder optimieren möchten, müssen Sie sich Ihr Inneres genau anschauen. Wer wirklich fasten will, muss sich von den inneren Schlacken befreien. Alles was man in prägenden Zeiten an Glaubenssätzen vermittelt bekam, verhärtet sich in uns und ist später schwer wieder zu lösen.

Pflegen Sie Ihren Selbstwert

Wenn man einem Kind zu verstehen gibt: »Du bist nichts wert«, wird es eine jahrelange Therapie brauchen, bevor aus ihm ein selbstbewusster Mensch werden kann. Wenn Kinder hingegen ständig gelobt und in ihrem Verhalten bestärkt werden, wird sich dies als positives Muster festigen. Darum sollten Sie in Ihrer Kindheit nachforschen. Versuchen Sie sich zu erinnern, welche Glaubensmuster Ihnen insofern mit auf den Weg gegeben wurden. Vielleicht wirkt eine Aussage wie »Du hast ja zwei linke Hände!« bis heute nach? Vielleicht haben Sie gar keine Motivation, von diesen alten Sätzen abzuweichen, weil sie bequemer sind? Wer zwei linke Hände hat, kann Ungeschicklichkeiten vor sich und anderen besser entschuldigen.

Anderes Beispiel: Wenn man bisher mit der Überzeugung »Ich schaffe alles aus eigener Kraft« gelebt hat und damit erfolgreich war, jetzt aber seinen Arbeitsplatz verloren hat, muss man diesen Glaubenssatz verändern. »Ich lasse mir helfen, bis ich es aus eigener Kraft wieder schaffe« wäre ein Glaubenssatz, der in dieser Situation hilft und den Betroffenen ermutigt, Unterstützung anzunehmen. Wenn Sie manchmal im Leben nicht weiterkommen, ist es wichtig, dass Sie Ihre Glaubensmuster regelmäßig bilanzieren!

Ziehen Sie Bilanz: Was gehört in mein Leben, was ist nicht mehr zeitgemäß? Denn nur wenn Altes geht, kann Neues kommen!

 ## Bilanzieren: Was ist mir wichtig im Leben?

- Auf welche fünf Dinge will ich in meinem Leben auf keinen Fall verzichten?
- Welche fünf Menschen sind die wichtigsten in meinem Leben?
- Welche fünf Aufgaben will ich in meinem Leben nicht missen?
- Welche fünf Tätigkeiten bereiten mir großen Spaß?
- Welche fünf Rituale geben meinem Leben Halt?
- Welche fünf Einstellungen, Meinungen oder Glaubenssätze sind mir in meinem Leben nützlich?
- Welche fünf Werte sind mir so wichtig, dass auch mein Partner sie teilen sollte?
- Welche fünf Ziele will ich in meinem Leben unbedingt erreichen?

Neue Glaubenssätze

Welche Überzeugungen würden Sie gerne neu in Ihrem Inneren verankern? Entscheiden Sie sich natürlich nur für positive Glaubenssätze! Angenommen Sie könnten durch eine neue Überzeugung Ihr Leben verändern – wie sähe der Glaubenssatz dazu aus? Analysieren Sie das genau! Welche Probleme bestimmen momentan Ihr Leben? Vielleicht sind sie finanzieller Art?

Welcher alte Glaubenssatz könnte Sie in diese Lage gebracht haben? Vielleicht eine Überzeugung wie »Ich komme mit Geld überhaupt nicht klar« oder »Geld ist ein notwendiges Übel«? Oder »Lieber arm und gesund als reich und krank«? Ob wir es wahrhaben wollen oder nicht, diese Sätze – x-mal gehört –, beeinflussen unser Leben. Solche Glaubenssätze sind tief in unserer Kultur oder Religion verankert und bestimmen unser Leben mit.

Das eine sind die Denkmuster, die unser Leben mitgestalten, das andere sind Verhaltensmuster, nach denen wir leben. Wenn wir erfahren haben, dass Beziehungen gefährlich sind, weil wir verlassen oder verletzt werden können, werden wir Beziehungen unbewusst meiden. Wir werden uns dann so verhalten, dass wir keine Bindungen eingehen. Dieses Verhalten kann sich ganz verschieden auswirken. Es kann sein, dass man sich gar nicht mehr mit anderen verabredet, es kann aber auch sein, dass man die Flucht ergreift, sobald körperliche Nähe droht.

Oft denken wir, dass unser Verhalten eine Reaktion auf die Persönlichkeit des potenziellen Partners ist, aber das stimmt nicht. Denn beim nächsten potenziellen Partner läuft meist alles nach dem gleichen Strickmuster ab. Wenn Sie sich also wundern, warum Sie immer an die gleiche Sorte Frau bzw. Mann geraten, gehen Sie in sich! Menschen ändern sich äußerlich, was sich jedoch nicht verändert, ist ihr Verhalten. Vielleicht verhalten auch Sie sich immer gleich, sodass andere immer in ähnlicher Weise auf Ihr Verhalten reagieren. Neue Bekanntschaften ziehen sich relativ schnell wieder von Ihnen zurück? Vielleicht liegt es daran, dass Sie zu sehr klammern? Oder dass Sie zu viel geben und im Gegenzug nichts erwarten? Wer zu viel gibt, vertreibt oft den anderen. Denn dieser fühlt sich so sehr in der Pflicht, dass er gar nicht weiß, wie er das wiedergutmachen soll. Ihr Gegenüber können Sie nicht verändern, aber sich selbst.

Lassen Sie tief verwurzelte Überzeugungen los, die Ihren Zielen und Ihrem Glück im Weg sind. Schaffen Sie neue Glaubenssätze, welche die alten ersetzen.

Erkennen Sie Ihre Abhängigkeiten!

Auf der körperlichen Ebene Abhängigkeiten oder Süchte zu erkennen, ist ganz einfach: Da sind zum einen Suchtstoffe wie Nikotin, Koffein, Alkohol und Rauschgifte. Zum anderen gibt es die Genussgifte wie Zucker, Schokolade, Knabberzeug, mit denen die Regale der Supermärkte gefüllt sind. Dass wir abhängig sind, bemerken wir erst, wenn wir einen bestimmten Stoff nicht mehr haben. Wer würde sich selbst schon als koffeinabhängig betrachten, nur weil er mehrmals täglich Kaffee trinkt? Erst wenn mal kein Kaffee verfügbar ist und wir unruhig und nervös werden, gestehen wir uns selbst vielleicht eine gewisse Abhängigkeit ein. Aber die Standardaussage der meisten Abhängigen lautet: »Ich habe das alles im Griff!« Ob oder inwieweit Sie abhängig sind, können nur Sie selbst sagen. Fakt ist, dass Abhängigkeiten unsere Aufmerksamkeit binden. Ich überlege manchmal, ob ich noch zur Tankstelle fahren soll, um eine Tafel Schokolade zu kaufen, oder ob ich den Abend auch ohne überstehe. Ich gestehe, ich bin zuckersüchtig! Eine Sucht bindet einen Großteil unserer Energien, da wir den ganzen Tag darüber nachdenken, wann und wie wir wieder an den »Stoff« kommen. Ob Nikotin, Alkohol oder Sex: Wenn wir unseren Suchtstoff nicht haben, glauben wir, den Tag nicht überleben zu können. Es stellen sich körperliche oder psychische »Entzugserscheinungen« ein.

Auch auf der mentalen Ebene greifen diese Mechanismen. Man fühlt sich »unvollständig« und »unruhig«, wenn beispielsweise der Partner heute noch nicht angerufen hat. Das Wohlbefinden scheint abhängig zu sein von der liebevollen Aufmerksamkeit des Partners. Oder man fühlt sich nicht wohl, wenn man keine Tageszeitung gelesen hat, weil man sich dann uninformiert fühlt. Wann fühlen Sie sich unvollständig? Wann haben Sie ein defizitäres Gefühl?

Wann scheint Ihnen etwas zu fehlen? Wenn Sie nichts gegessen haben? Wenn Ihr Computer defekt ist und Sie Ihr Computerspiel nicht beenden konnten? Wenn Sie nicht in der Lage sind, das Fußballspiel im Fernsehen zu sehen? Aber: Wo endet das Spiel und wo beginnt die Sucht? Das Wort »Sucht« kommt vom Verb »suchen«. Die Suche nach einem

Listen Sie Ihre mentalen Abhängigkeiten auf!

Falls Sie pro Suchtthema mindestens eine Frage mit »Ja« beantworten, sollten Sie Ihr Verhalten überdenken! Körperliche Süchte haben oft mentale Ursachen.

● Liebessucht
Können Sie ohne feste Beziehung schlecht leben? Sind Sie ungern allein und leben Sie lieber in einer mittelmäßigen Beziehung als ohne Partner?

● Dramensucht
Neigen Sie dazu, Streit vom Zaun zu brechen? Fühlen Sie sich in einem Streit richtig lebendig?

● Problemsucht
Haben Sie für jede Lösung ein Problem? Grübeln Sie oft?

● Kaufsucht
Kaufen Sie zu viel Unnützes? Haben Sie ein gutes Gefühl, wenn Sie sich etwas Neues gekauft haben? Belohnen Sie sich durch den Kauf neuer Kleidung, Sportutensilien oder anderer Dinge?

● Internetsucht
Sind Sie täglich im Internet unterwegs? Chatten Sie mindestens eine Stunde täglich?

● Spielsucht
Spielen Sie mehrmals die Woche um Geld? Spielen Sie täglich Computerspiele?

● Genusssucht
Sind Sie nur mit Kaffee leistungsfähig? Brauchen Sie täglich mehrmals Koffein, um wach zu bleiben?

Hinter einer Sucht steckt häufig die Suche nach dem Sinn des Lebens. Wenn die Sucht stärker ist als Sie, brauchen Sie Hilfe!

tieferen Sinn im Leben kann hinter einer Abhängigkeit stehen. Sie füllt oft eine innere Leere aus, wie man am Beispiel der Kaufsucht erkennen kann. Hat man das Teil bezahlt und trägt es stolz nach Hause, stellt sich ein Gefühl des Wohlbefindens ein. Dieses ist zwar ganz kurzfristig, jedoch so erfüllend, dass man es oft wiederholen möchte. So tritt die Abhängigkeit schnell an die erste Stelle im Leben und bindet unsere Gedanken und Energien. Moderne Süchte wie Chatten oder Computerspielen treten oft an die Stelle realer menschlicher Kontakte. Ebenso kann es sein, dass das eigene Fitnessprogramm wichtiger ist als ein Abend mit der Familie. Diese unterstützt oft die Sucht noch durch Entschuldigungen wie zum Beispiel: »Er kann sich eben nur am PC/beim Sport entspannen!«

Die Grenzen zwischen schlechten Angewohnheiten und Süchten sind fließend. Übermäßiger Fernsehkonsum ist sozial akzeptiert und wird nicht als Sucht gesehen, da es sich um ein weitverbreitetes Verhalten handelt. Die gesellschaftliche Akzeptanz spielt bei der Definition und Diagnose einer Sucht eine große Rolle. Nur Sie selbst können sich die Frage beantworten, ob Ihre Fernsehgewohnheiten unbedenklich sind. Wer im eigenen Leben wenig erlebt, findet in den Programmen einen gewissen Ersatz für dieses Defizit. Wer nicht selbst liebt, kann in den Herzschmerz-Serien einen Ersatz finden. Wer nicht selbst reist, kann sich als Ersatz Reiseberichte ansehen. Von mentalen Süchten zu sprechen, erscheint zunächst übertrieben. Aber kennen Sie nicht auch Menschen,

denen es ohne ihre Probleme scheinbar nicht gut geht? Menschen, die
hinter jedem Ereignis ein Problem
sehen? Die Schwarzseher, die uns vor
Problemen warnen, obwohl keine in
Sicht sind? Ich spreche in diesem Fall
von Problemsucht.

Andere Mitmenschen scheuen keine
Art von Auseinandersetzung, fühlen
sich erst richtig lebendig, wenn sie
bei jeder Gelegenheit einen Streit
vom Zaun brechen oder ein Bezie-
hungsdrama inszenieren können.
In Harmonie scheinen sie sich nicht
wohl zu fühlen. Ist es sehr übertrieben, bei solchen Mitmenschen von
Dramensucht zu sprechen?

Seien Sie ehrlich!

Falls Sie ernsthaft vorhaben, Ihr Verhalten dauerhaft zu verändern und
Ihre Sucht zu bekämpfen, müssen
Sie sich die folgenden Fragen ehrlich
beantworten:

- Wovon bin ich abhängig?
- Ohne wen oder was kann ich
nur schlecht leben?

- In welchen Zusammenhängen
unterstütze oder entschuldige ich
abhängiges Verhalten anderer?

Sind Sie von der Reibung abhängig,
die sich aus den Streitereien mit
Ihrem Partner ergeben? Sind Sie von
seiner Missachtung abhängig, die
Ihnen bestätigt, dass Sie ein schlechter Mensch sind? Sind Sie von Be-
ziehungsdramen abhängig, von dra-
matischen Szenen und leidenschaft-
lichen Versöhnungen? Sie werden
diese Fragen sicher alle mit »Nein«
beantworten. Aber wenn Ihnen diese
Punkte bekannt vorkommen, Sie
allerdings behaupten, dass Sie har-
monisch miteinander auskommen
möchten, sollten Sie sich fragen,
warum es dann mit der Harmonie
nicht so ganz klappt. Vielleicht
brauchen Sie ja diesen Nervenkitzel,
diesen »Kick«, den eine Streiterei
bedeuten kann. Welche Ersatzveran-
staltungen gibt es, die Ihnen fast so
viel Spaß machen wie Ihr eigenes
Drama? Ersetzen Sie Ihren »kran-
ken« Kick durch einen gesunden.

Durchbrechen Sie Gewohnheiten!

Wir alle leben innerhalb eines vertrauten Rahmens und mit bestimmten Gewohnheiten. Wir stehen zu einer bestimmten Zeit auf, beginnen den Tag nach einem immer wiederkehrenden Muster: aufstehen, duschen, anziehen, schminken, Wasser aufsetzen, Tee kochen, Zeitung lesen etc. Daraus ergeben sich Gewohnheiten, die unser Leben bestimmen und sich zum Teil schon verselbstständigt haben. Wir fragen oft gar nicht mehr nach, warum wir etwas tun oder ob diese Tätigkeit überhaupt sinnvoll ist. Oft funktionieren wir wie Automaten.

Wenn Sie aber immer nur das tun, was Sie immer getan haben, bekommen Sie auch immer nur das, was Sie bisher immer bekommen haben. Wenn Sie jedoch mal etwas anderes wollen, müssen Sie dafür auch etwas anderes tun! Und etwas Neues zu wagen ist immer risikobehaftet.

Für den einen ist ein Umzug eine kleine Veränderung – man zieht nur mal eben in eine neue Stadt – für den anderen ist er eine riesengroße Herausforderung. Wenn Sie zur zweiten Spezies gehören, zu denjenigen, denen Veränderungen schwerfallen, gehen Sie es langsam an!

Welche Angewohnheiten wären Sie gerne los?

Ihre Gewohnheiten haben sich aus Ihrem bisherigen Verhalten gebildet. Einem Verhalten, das Sie bisher sicher durchs Leben geführt hat, einem Verhalten, das sich also bewährt hat. Mit diesem Verhalten jetzt zu brechen bedeutet, sich auf unsicheres Terrain zu wagen. Und im Extremfall kann das gefährlich sein. Ihr jetziges Verhalten hat gefährliche Sportarten ausgeschlossen. Falls Sie mit dieser Gewohnheit brechen, könnte das gefährlich werden! Wenn Sie lieber auf der sicheren Seite sind, bleiben Sie da, wo Sie sind, und verändern Sie das bewährte Verhalten nicht.

Ein wirklich selbstbestimmtes Leben zu führen heißt allerdings, sich seiner eigenen immer wiederkehrenden Muster, seines Verhaltens und seiner Angewohnheiten bewusst zu werden.

Danach erst können Sie entscheiden, ob Sie diese behalten oder abschaffen wollen. Also gehen Sie mal Ihr bisheriges Verhalten und Ihre angestammte Denkweise selbstkritisch

Wie würden Sie Ihr Leben gerne verändern?

- Mein Leben verläuft Tag für Tag in eingefahrenen Bahnen. Ich möchte Folgendes verändern:

_____

_____

_____

- Wenn mich jemand um Hilfe bittet, fühle ich mich verpflichtet. Ich möchte Folgendes verändern:

_____

_____

_____

- Wir feiern Weihnachten jedes Jahr nach dem gleichen Ritual. Ich möchte Folgendes verändern:

_____

_____

_____

- Im Urlaub fahren wir immer wieder an den gleichen Ort. Ich möchte Folgendes verändern:

_____

_____

_____

- Wenn ...., dann .... Ich möchte Folgendes verändern:

_____

_____

_____

- Wenn ...., dann .... Ich möchte Folgendes verändern:

_____

_____

_____

durch: Wo bewegen Sie sich auf eingefahrenen Gleisen, ausgetretenen Pfaden? Machen Sie sich eine Liste (siehe Seite 23), am besten zusammen mit Ihrem Partner oder Freunden. Denn Außenstehende haben für »Macken« oft einen besseren Blick.

Von der Routine zum Zwang

Durch die Wiederholung bestimmter Abläufe entsteht auf Dauer eine Gewohnheit. Gewohnheiten geben dem Leben einen Halt und Rahmen und bewirken, dass wir nicht aus demselben fallen. Welche Gewohnheiten bieten Ihnen Halt oder bestimmen Ihr Leben?
Nicht alle brauchen diesen Halt gleichermaßen. Es gibt Menschen, die wiederkehrende Rituale und Abläufe schätzen. Sie finden darin Sicherheit in einer sonst so unsicheren und von Veränderungen bedrohten Welt. Im Extremfall kann das zu Zwängen führen, in denen geradezu rituell zelebrierte Abfolgen, wie etwa das dreimalige Verschließen der Tür, Sicherheit vermittelt. Zwänge sind sozusagen krankhaft deformierte Gewohnheiten.
Andere Menschen wiederum brauchen laufend Abwechslung. Wiederholungen sind ihnen zu langweilig, sie brauchen die ständige Veränderung. Sie stellen die Möbel um oder ändern die Reihenfolge, in der sie den Tisch decken.
Der eine Typ braucht die Routine, und der andere sucht die Abwechslung. Im Idealfall spüren wir beide Anteile in uns. Und wir erkennen, wenn es an der Zeit ist, innezuhalten, sich in eingespielten Abläufen sicher zu fühlen, und wir spüren, wenn es Zeit ist für Veränderungen. Das können Sie üben. Beispielsweise indem Sie täglich etwas machen, das Sie noch nie gemacht haben, oder die Art und Weise verändern, mit der Sie etwas tun. Putzen Sie beispielsweise Ihre Zähne eine Zeit lang mit der linken Hand, fahren Sie einen anderen Weg zur Arbeit oder nehmen Sie zur Abwechslung das Fahrrad.

Kommen Sie raus aus Ihrer Komfortzone und geben Sie sich selbst die Chance zur Veränderung!

Ohne großes Nachdenken gehört die Zeitung zum Frühstück, die Zigarette nach dem Essen für Sie dazu? Sie fahren jedes Jahr an den gleichen Urlaubsort? Immer stehen die gleichen Gerichte auf Ihrem Speiseplan? Dann brechen Sie doch einmal mit Ihren alten Mustern, trinken Sie anstelle des Kaffees mal Tee zum Frühstück oder buchen Sie ein anderes Urlaubsziel. Falls Sie Ihr Leben verändern wollen, verändern Sie Ihr eingefahrenes Verhalten.

Verändern Sie Kleinigkeiten

Die eher statischen Zeitgenossen, die alles so lieben, wie es ist, sollten als erste Übung nicht gerade umziehen. Gehen Sie es zunächst langsam an und gewöhnen Sie Ihren Geist und Körper an kleine Veränderungen. Dann werden Sie nach und nach auch größere akzeptieren. Falls Sie Mineralwasser mit Kohlensäure bevorzugen, dann trinken Sie eine Weile nur stilles Wasser. Verändern Sie ganz sachte Ihre Essgewohnheiten. Essen Sie mal etwas, was Sie noch nie gegessen haben. Bestellen Sie im Restaurant ein Ihnen unbekanntes Gericht. Machen Sie jeden Tag etwas, das Sie bisher noch nicht gemacht haben. Gehen Sie einen anderen Weg zum Parkplatz, kaufen Sie mal in einem anderen Supermarkt ein, sehen Sie die Nachrichten auf einem anderen Fernsehkanal. Sind Sie sehr verunsichert, oder gedeiht in Ihnen die »Abenteuerlust«? Das Leben ist zu kurz, um die Möglichkeiten, die es bietet, zu ignorieren, nur weil Sie der Meinung sind: »Das ist aber gefährlich!« Leben Sie wild und neugierig! Egal wie vorsichtig Sie sich in Ihrem Leben bewegen – es führt in jedem Fall zum Tod. Also leben Sie es richtig!

Leben Sie bewusster!

Wie bewusst leben Sie Ihr Leben? Entspringt das, was Sie tun, Ihrem eigenen Willen, oder fühlen Sie sich manchmal wie fremd gesteuert? Haben Sie ab und zu das Gefühl, sich im falschen Film zu befinden? Wie kann man sicher sein, dass man Herr in seinem eigenen inneren Haus ist?

Bewusst leben heißt, sich täglich, stündlich, minütlich ganz darüber im Klaren zu sein, was man tut.

Haben Sie oft das Gefühl, automatisch zu handeln, ohne vorher darüber nachzudenken? Oder beschleicht Sie das Gefühl, nur auf die unzähligen Anforderungen von außen zu reagieren, anstatt bewusst und Ihren eigenen Zielen entsprechend zu agieren? Sie feiern Weihnachten immer im großen Rahmen bei Ihnen zu Hause, und kein Mensch stellt das in Frage. Aber in Wahrheit möchten Sie lieber mal sagen: »Nein, so heute nicht!« Bewusster zu leben bedeutet nicht, Weihnachten gar nicht mehr zu feiern, sondern einmal darüber nachzudenken, ob es das ist, was Sie heute noch wollen. Oder hat sich im Laufe der Jahre ein Automatismus entwickelt? Ihre Verwandtschaft erwartet, dass es in den nächsten Jahren genauso weitergeht, und Sie selbst haben eine Veränderung auch nie in Betracht gezogen? Jetzt ist es an der Zeit, sich zu fragen: »Will ich das wirklich?« »Ist es mein Leben?« Oder aber: »Habe ich mir mein Leben so vorgestellt?«

Sich selbst darüber im Klaren zu sein, was man vom eigenen Leben erwartet, was es zu verändern gilt, setzt Zeit und Muße voraus. Lassen Sie Unnötiges los und gönnen Sie sich dafür eine Zeit der Reflexion. Denn es ist Ihr Leben, ganz allein Ihres, und sehr wahrscheinlich ist es auch Ihr einziges! Also leben Sie es so, wie es Ihnen selbst entspricht! Vor allem Frauen leben viel zu oft mehr das Leben ihrer Partner und ihrer Kinder. Sie wissen genau, was diese gerne essen oder sonst gerne mögen, und haben darüber fast vergessen, was sie selbst gerne haben. Sie kaufen am Käsestand den Käse, den die anderen lieben, und essen diesen auch selbst. Hinterfragen Sie einmal Ihre Einkaufsliste – was ist gut für Sie selbst? In einer Beziehung lebt man oft auf symbiotische Weise und verlernt nach und nach, auf die eigenen Bedürfnisse zu achten. Als sich mein Ehemann von mir getrennt hatte und ich mich nach dem ersten großen Schock mal wieder alleine unter Menschen traute, stand ich vor einem Eisdiele und war plötzlich ratlos. Ich wusste genau, welche der vielen Eissorten er jetzt essen würde, aber mir war in diesem Moment entfallen, welches meine Lieblingssorte war. Dieses Erlebnis rüttelte mich auf, und ich schwor mir, nie mehr wieder die Verbindung zu mir selbst und meinen eigenen Bedürfnissen zu verlieren!

Nur Selbsterkenntnis führt zum Glück

Selbsterkenntnis ist eine Grundvoraussetzung für Glück. Wer bin ich? Was kann ich? Was mache ich gern? Was will ich? Und was nicht? Gehen Sie auf Spurensuche, um zu dieser Selbsterkenntnis zu kommen. Fragen Sie sich bei jeder Handlung: »Ist das wirklich das, was ich will?« Oder: »Will ich anderen gefallen?« Wer sich vor Veränderungen scheut, der scheut sich auch vor Selbsterkenntnis. Denn eine Erkenntnis könnte ja sein, dass man den falschen Job hat, in der falschen Stadt wohnt oder mit dem falschen Partner zusammenlebt. Wie Sie über das Erkennen Ihrer Bedürfnisse zum eigenen Lebensglück kommen, kann ganz unterschiedlich sein: Der steinige Weg führt über eine Krankheit, einen Unfall oder eine Krise.

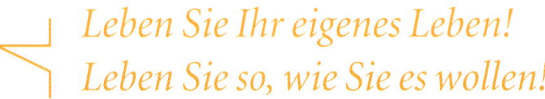

Leben Sie Ihr eigenes Leben! Leben Sie so, wie Sie es wollen!

Krisen und Krankheiten sind Anzeichen, dass im Leben nicht alles rund läuft und dass man eventuell gegen den eigenen Lebensplan verstößt. Psychische Krisen und Depressionen können genauso wie diffuse Unzufriedenheit Anzeichen dafür sein, dass Ihr Leben einer Veränderung bedarf. Sie können sich, um zu mehr Selbsterkenntnis zu gelangen, natürlich auch Hilfe von außen holen. Reden Sie mit Freunden, suchen Sie einen Therapeuten auf oder belegen Sie Seminare zu diesem Thema. Stellen Sie sich aber immer wieder diese Fragen: Ist das, was ich mache, auch wirklich das, was ich will? Lebe ich meine Entscheidungen oder lasse ich mich von anderen bestimmen? Mache ich etwas nur, um anderen zu gefallen, etwa um die Ansprüche meiner Eltern oder meines Partners zu erfüllen? Wenn Sie sich diese Fragen stellen, ist es wichtig, dass Sie ehrlich zu sich selbst sind. Es nützt nichts, sich zu belügen und nicht nach den eigenen Wünschen zu leben. Es macht Sie nur krank.

Lassen Sie los, was Ihnen nicht entspricht

Stellen Sie sich ab und zu »neben sich« und beobachten Sie sich aus der Distanz. Fühlen Sie sich echt? Leben Sie authentisch? Oder tun Sie so »als ob«? Schauen Sie sich im Spiegel an! Sind Sie das wirklich? Sehen Sie so aus, wie Sie sich fühlen? Oder versuchen Sie, eine andere Person zu sein? Machen Sie sich eine Liste mit den Eigenschaften, die Sie auszeichnen. Differenzieren Sie zunächst nicht zwischen positiv und negativ, schreiben Sie einfach nur auf, was Sie persönlich ausmacht: »Ich bin ...« Gehen Sie Ihre Liste durch! Gibt es Eigenschaften, Verhaltensweisen, die Sie loswerden wollen? Legen Sie eine zweite Liste an. Beginnen Sie mit: »Ich lasse meine ... los.« Etwa: »Ich lasse meine Schludrigkeit los.« Suchen Sie sich für alles, was Sie loslassen wollen, ein Symbol (siehe »Mit Symbolen arbeiten«, Seite 38) und platzieren Sie es an einer ausgesuchten Stelle.

Fragen zu Ihrer Selbsterkenntnis

- Leben Sie wirklich Ihr eigenes Leben?
- Sind Sie fremd gesteuert?
- Stehen Sie in Verbindung mit Ihren eigenen Bedürfnissen?
- Kennen Sie Ihren Partner besser als sich selbst?
- Was ist Ihre Aufgabe in Ihrem Leben?
- Wissen Sie, wie Ihr »Lebensplan« aussieht?
- Läuft in Ihrem Leben alles »rund«?
- Lassen Sie das los, was nicht zu Ihnen gehört?
- Wissen Sie überhaupt, was Sie loslassen möchten?

Leben im Hier und Jetzt

In unserer westlichen Kultur scheinen wir in der Zukunft zu leben. »Wenn ich endlich Urlaub haben werde …« oder »Wenn die Kinder aus dem Haus sind …« sagen sich viele und vollenden den Satz mit »mache ich endlich, was ich will.« oder »verändert sich mein Leben.«. Wir leben in der Zukunft, im Hinblick auf das, was passieren wird. Oder wir schwelgen in der Vergangenheit, in der alles so viel besser war. Aber die Zukunft ist noch nicht da, und die Vergangenheit ist vorbei, beide Zeiten sind irreal! Die einzige Realität ist die Gegenwart. Das Jetzt! Der Ort, an dem sich Ihr Körper gerade befindet. Finden Sie Ihr Glück in der Gegenwart, in der Sie jeden Moment jetzt bewusst genießen, und verschieben Sie Ihr Leben nicht auf einen Zeitpunkt in der Zukunft! Eine gute Möglichkeit, sich ganz im Hier und Jetzt zu befinden, ist sich bewusst nur auf eine Sache zu konzentrieren. Wenn Sie essen, essen Sie und lesen nicht gleichzeitig Zeitung.

Werden Sie sensibler!

Vielleicht kennen Sie das Gefühl, das sich einstellt, wenn Sie nach ein paar Tagen das Fasten beenden. Sie beginnen wieder zu essen, ganz vorsichtig, zunächst nur leicht Verdauliches wie Joghurt, und Sie sind begeistert von dem Geschmackserlebnis, das Sie jetzt haben: Dieser Früchtejoghurt ist ja eine Delikatesse! So cremig, so sanft auf der Zunge und so süß! Der Geschmackssinn hat sich durch den Entzug von Nahrung so stark verfeinert, dass jetzt alles eigentlich Alltägliche einen ungeheuren Eigengeschmack entfaltet.

Jeder Mensch braucht Sinnesreize, sonst nimmt er dauerhaften Schaden. Darum setzt man Reizentzug sogar als Foltermethode ein, an der ein Mensch fast zugrunde gehen kann. Aber wenn Sie gezielt und in Maßen die Sinne zeitweise der Reizung entziehen, verfeinern sie sich. Verzichten Sie eine Zeit lang auf Zucker, und Sie werden sehen, dass Sie nach Tagen nur eine Prise davon im Tee schon als sehr süß empfinden. Denn im normalen Leben sind wir – nicht nur was den Zucker betrifft – reizüberflutet, das heißt, wir müssen mit einem Zuviel an Reizen fertig werden und stumpfen unter Umständen ab. Wir brauchen, um wieder einen Reiz zu empfinden, eine ständige Steigerung der Dosis. Zum Beispiel braucht mancher vier Teelöffel Zucker pro Tasse Kaffee, um überhaupt Süße zu schmecken. Wer jedoch seinen Sinnen eine, wenn auch nur kurze, Fastenzeit zumutet, wird erfahren, dass sie sich verfeinern und dass er dadurch wieder bewusst genießen lernt.

Wenn Sie aus dem Urlaub in einer ruhigen Gegend zurück in die Realität Ihres Arbeitsplatzes kommen, werden Sie den Lärm schmerzhaft wahrnehmen. Wie schrill klingt die Stimme der Chefin! Wie unangenehm der erste Stress! Reizentzug zeigt uns, mit welchen Belastungen wir im normalen Leben unsere Sinne überstrapazieren.

Um wieder ein Gespür für eine wohltuende Dosis an Reizen zu erhalten, sollten wir kleine Kinder beobachten. Deren Sinne sind noch sehr viel sensibler als unsere. Wenn wir sie beispielsweise dem Lärm und der visuellen Reizüberflutung einer Großstadt aussetzen, werden sie nervös und schlafen schlecht.

Wahrnehmen mit allen Sinnen

Der archaischste Sinn des Menschen ist sein Geruchssinn. Innerhalb von Sekunden entscheidet eine Geruchswahrnehmung über Bleiben oder Flucht. Dieser Sinn bestimmt tatsächlich auch heute noch über unsere Beziehungen. Wenn wir den anderen »nicht riechen« können, wird es zu keinem engeren Kontakt kommen. Durch den Gebrauch von Parfüms oder Hormonen, wie beispielsweise durch die Einnahme der Antibabypille, wird das Ergebnis unserer Entscheidung aber verfälscht. Beides verändert nämlich unseren Eigengeruch und unsere Geruchswahrnehmung, und das wiederum beeinflusst auch die Partnerwahl – unglaublich, aber wahr. Also am besten erst den Partner wählen und dann die Pille nehmen.

Sensibilisieren Sie Ihre Sinne!

- Welcher ist Ihr liebster Sinn?
- Was haben Sie heute schon Duftendes gerochen?
- Wie haben Sie heute schon Ihren Tastsinn angeregt?
- Was haben Sie heute Ihrem Geschmackssinn angeboten?
- Was hat heute Ihrem Sehsinn gutgetan?
- Welchen Reiz haben Sie Ihrem Hörsinn geboten?
- Wie und wann meldet sich Ihr sechster Sinn?

Trainieren Sie eine bewusste Wahrnehmung: Leben Sie mit all Ihren Sinnen und gönnen Sie Ihnen bewusst Streicheleinheiten.

Seien Sie sich der Sensibilität Ihrer Sinne bewusst und gönnen Sie ihnen ab und zu eine Schonzeit. Mal einen Tag nicht fernzusehen wirkt sich nicht nur auf die Augen positiv aus. Gönnen Sie Ihrem Tastsinn Positives, indem Sie bewusst nur angenehme Dinge berühren.

Vermeiden Sie ständige Beschallung. Es muss ja nicht immer das Radio oder der Fernseher laufen! Manch einer kommt mit akustischer Ruhe ganz schlecht zurecht. Viele erleben Stille sogar als etwas Bedrohliches. Sie halten nicht mal mehr die Ruhe der Natur aus, sondern joggen mit Stöpseln im Ohr, aus denen Musik oder Hörbücher ertönen. Aber bedenken Sie: Wenn Sie einen besseren Kontakt zu Ihrer »inneren Stimme« wünschen, ist es unerlässlich, dass Sie regelmäßig absolute Ruhe in Ihrer Umgebung einkehren lassen. Wobei es in der freien Natur alles andere als ruhig ist. Gehen Sie mal mit gespitzten Ohren im Wald spazieren. Lauschen Sie Ihren eigenen Schritten, dem Knacken der Äste unter Ihren Schuhen, dem Rascheln der Blätter, wenn Sie durchs Gebüsch streifen, dem Scharren der kleinen Tiere im Laub des Unterholzes, dem Gesang der Vögel in den Bäumen und dem Wind, der durch die Baumkronen fegt. **Die Natur ist ein vorzügliches Mittel, die Sinne sowohl zur Ruhe kommen zu lassen als auch zu schärfen.** Das Grün des Waldes wirkt ebenso beruhigend wie das Grün der Wiesen. Denn Grün ist nach Blau die ruhigste Farbe. Wenn Sie also Beruhigung brauchen, dann schauen Sie in den blauen Himmel oder gehen Sie im Grünen spazieren.

Wenn Sie Ihre Sinne gezielt einem Training unterziehen, ist es wichtig, dass Sie sich Ihre neu gewonnene Sensibilität auch bewahren. Dazu gehört, dass Sie ein Gefühl dafür entwickeln, was Sie stört und schwächt! Und natürlich auch ein Gefühl für das, was Sie stärkt! Sie werden die neu gewonnene Empfindsamkeit als Geschenk betrachten. Sie finden Ihren Instinkt wieder, der Sie vor Gefahren schützt und Sie warnt: »Lass besser die Finger weg davon!«

Vertrauen Sie Ihrem sechsten Sinn

Wie oft und wie gut hören Sie auf Ihr Bauchgefühl? Stellen Sie sich vor: Alle Argumente sprechen für eine Person, aber Ihr Bauchgefühl rät Ihnen ab! Wenn es sich meldet, dann halten Sie kurz inne. Wenn Sie dieses Gefühl mit Argumenten untermauern sollen, sind Sie oft überfordert. Es lässt sich auch nicht begründen, es ist ja nur so ein Gefühl! Hören Sie wieder auf Ihren Bauch! Ich erinnere mich heute noch an einige Situationen, in denen mein Bauch »Alarm« gemeldet hat, ich aber nicht auf ihn gehört habe. Heute weiß ich auch warum: weil ich einfach nicht wollte. Die Erkenntnis wäre so schmerzhaft gewesen, dass ich sie zu dieser Zeit kaum ausgehalten hätte. Und so verdrängt man das negative Gefühl! Und später erfährt man, dass der Bauch die richtigen Signale gesandt hat. Jetzt kommt zu der schlechten Erfahrung obendrein auch noch der Selbstvorwurf: »Wie konnte ich meinem Bauch nicht vertrauen! Warum war ich so dumm und habe den Worten anderer mehr getraut als meinem eigenen Gefühl?«

Hören Sie öfter auf Ihr Bauchgefühl! Machen Sie sich bewusst, in wie vielen Situationen es schon recht hatte.

Die Methode des mentalen Fastens

Wenn Sie sich entschieden haben, eine mentale Fastenkur durchzuführen, so haben Sie sich selbst sicher schon Gedanken darüber gemacht, welcher Ihr persönlicher mentaler Ballast ist, den Sie loswerden wollen. Und Sie haben sich auch bereits entschieden, dass Sie in Ihrem Leben auf jeden Fall etwas verändern wollen. **Selbsterkenntnis ist der erste Schritt zu einer Veränderung.** Analysieren Sie Ihren Lebensalltag! Was ist Ihnen einfach zu viel? Sind es die tagtäglichen Aufgaben? Oder sind es die Ideen, die in Ihrem Kopf herumschwirren? Sind es die Erwartungen anderer? Sichten Sie Ihren Ballast, legen Sie am besten eine Liste derjenigen Dinge an, die Ihnen schlicht und einfach zu viel sind! Sollten Sie dabei auch auf Ihr materielles Gerümpel stoßen, zögern Sie nicht, das gleich mit zu entsorgen. Denn oft zieht das materielle Entrümpeln mehr Klarheit im Geist nach sich.

Führen Sie sich vor Augen: Wie innen so außen, wie außen so innen! Wenn Sie genau wissen, wovon Sie sich auf der mentalen Ebene trennen wollen, dann schreiben Sie alles auf. Sichten Sie anschließend Ihre Liste. Entscheiden Sie sich zunächst für nur einen Punkt.

Angenommen Sie haben das Thema »Probleme« gewählt, dann wäre der erste Schritt des mentalen Fastens der, keine neuen Probleme mehr in Ihr Leben zu lassen, bevor Sie nicht die alten gelöst haben. Es herrscht ab jetzt vollkommener Problemstopp! Lassen Sie nichts mehr in Ihr Leben, das »noch mehr Probleme« bedeutet! Visualisieren Sie ein Stoppschild, das Sie sich immer wieder dann vor Ihr inneres Auge holen, wenn sich Ihnen ein neues Problem nähert. Denken Sie bitte auch daran, dass es sich nur um Ihren eigenen Ballast handeln darf. Jeder entrümpelt für sich und nicht für andere!

Stellen Sie sicher, dass Sie auch Freiräume und Leere zulassen können.

Besonders wichtig ist es, dass Sie Ihre Verhaltensweisen auch langfristig verändern. Seien Sie stets auf der Hut, nur allzu leicht schleichen sich alte Gewohnheiten wieder ein.

Für eine mentale Fastenkur bieten sich unzählige Bereiche an, die dringend »entschlackt« werden sollten. Im Folgenden wurden zehn beispielhafte Themen ausgewählt, mit denen jeder von uns tagtäglich konfrontiert wird. Dazu gehören auch die beispielhafte Fallen, in die wir tagtäglich bewusst oder unbewusst treten, diese werden enttarnt. Aber es bieten sich auch praktikable und schnell umsetzbare Lösungen, die das Leben erleichtern und überschaubarer machen. Weniger Ballast bietet ein Mehr an Lebensqualität und ist ein Schritt zu mehr Lebensglück!

Die drei Schritte des mentalen Fastens

1 Selbsterkenntnis
- Was ist mir selbst zu viel?
- Wo sitzt mein mentaler Ballast?
- Was wäre ich gerne los?
- Was will ich verändern?
- Welchen Ballast würde ich als Erstes loslassen?

2 Loslassen
- Das Zuviel reduzieren und loslassen
- Mit Symbolen arbeiten
- Fastentage einlegen

3 Verändern
- In Zukunft bin ich bewusster.
- Ich lasse Leere in meinem Leben zu.
- Ich lasse nichts Neues in mein Leben, bevor nicht etwas Altes gegangen ist.
- Ich verzichte bewusst immer wieder auf Sinnesreize.
- Tritt etwas Neues in mein Leben, frage ich mich, ob ich es zum Überleben brauche. Tut es mir gut?

Die Fastenpraxis

SCHAUEN SIE SICH IN IHRER UNMITTELBAREN UMGEBUNG UM, gehen Sie mit wachen Sinnen durch Ihre Wohnung! Wovon wollen Sie sich sofort trennen, weil Sie es lange nicht mehr gebraucht haben oder es Ihnen einfach nicht mehr gefällt? Gehen Sie doch einmal in sich und fragen Sie sich, was Sie unbedingt behalten möchten. An welchen Dingen hängt Ihr Herz? Was ist in Ihrem Leben wirklich wertvoll? Menschen natürlich! Familie und Freunde, der Partner. Vielleicht noch Erinnerungsstücke und Fotos? Was macht Sie wirklich glücklich? Loszulassen bedeutet zu bilanzieren, im Materiellen wie im Ideellen.

Gehen Sie in Gedanken weiter durch Ihr Leben: Welche Hobbys, Tätigkeiten und Rituale sind für Sie unverzichtbar? Und welche Aktivitäten sind Ihnen schon lange zu viel? Welche Gedanken und Gefühle machen Ihnen Freude? Welche Werte und Eigenschaften machen Sie persönlich aus? Welche davon sind Ihnen nützlich? Und worauf könnten Sie gut und gerne verzichten? Welche Sorgen wären Sie gerne los? Welche Probleme belasten Sie? Welche Gedanken würden Sie gerne abstellen? Erstellen Sie mithilfe der folgenden Seiten und der Aufstellung auf Seite 38 eine Liste derjenigen Dinge, Personen, Probleme und Ängste, Aktivitäten und Ansprüche, Verhaltensweisen und Muster, Illusionen und Träume, die Sie gerne behalten und die Sie gerne loslassen würden. Dann können Sie gezielt Ihren Ballast angehen.

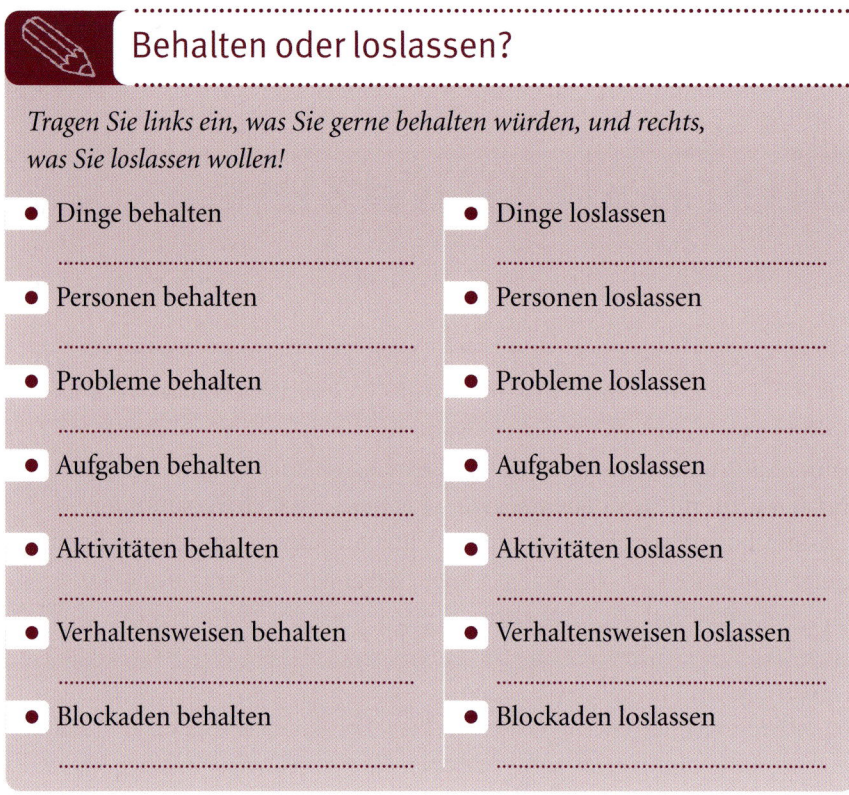

Behalten oder loslassen?

Tragen Sie links ein, was Sie gerne behalten würden, und rechts, was Sie loslassen wollen!

- Dinge behalten
- Personen behalten
- Probleme behalten
- Aufgaben behalten
- Aktivitäten behalten
- Verhaltensweisen behalten
- Blockaden behalten

- Dinge loslassen
- Personen loslassen
- Probleme loslassen
- Aufgaben loslassen
- Aktivitäten loslassen
- Verhaltensweisen loslassen
- Blockaden loslassen

Mit Symbolen arbeiten

Jetzt haben Sie Ihre ganz persönliche Liste mit den Dingen und Themen, die Sie gerne loslassen wollen. Vielleicht wollen Sie sich für den Anfang auch nur einige Tage davon trennen? Sie quälen sich beispielsweise ständig mit einem schlechten Gewissen und würden das gerne mal einige Tage sein lassen? Suchen Sie sich ein kleines Symbol für Ihr schlechtes

Gewissen. Sehen Sie sich doch mal in Ihrer Wohnung um, Schnickschnack haben wir doch alle! Eine Figur, ein Stein, ein Tuch, ein Foto? Vielleicht ein ungelesenes Buch?

Ein geeignetes Symbol werden Sie sicherlich finden. **Symbole sind in der Lage, abstrakte Begriffe in eine sichtbare Form zu bringen.**

So wird der Begriff zu einem konkreten Bild, mit dem sich die rechte Hälfte unseres Gehirns beschäftigen kann. Das Gehirn braucht ein Bild. Es kann nicht mit abstrakten Begriffen umgehen. Wenn Sie sich mehr Glück wünschen, ist das für unser Gehirn viel zu abstrakt. Was würde mehr Glück in Ihr Leben bringen? Eine Beziehung? Dann könnten Sie als Symbol ein Herz nehmen.

Verdrängen geht nicht!

Das Symbol, mit dem Sie arbeiten wollen, verwahren Sie an einem sicheren Ort. In einer Kiste oder in einer Schublade, es könnte auch Ihr Kühlschrank sein. Denn zu denken

»Das will ich nicht haben« hat den gleichen Effekt, wie einfach nur wertfrei an etwas zu denken. Nicht zu denken, gelingt nicht. »Denken Sie nicht an Ihr schlechtes Gewissen« funktioniert genauso wenig wie die Aufforderung: »Denken Sie nicht an einen rosa Elefanten!« Welches Bild entsteht in Ihrem Kopf? Ein rosa Elefant! Es gelingt Ihnen nicht, nicht an einen rosa Elefanten zu denken. Jedes Mal, wenn Sie beispielsweise wieder das schlechte Gewissen beschleicht, haben Sie sofort das Symbol vor Augen (ungelesenes Buch) und auch den Ort (rote Blechdose). **Um etwas loszulassen, bekommt es also zunächst eine neue Form (= Symbol) und einen neuen Ort (= Schachtel).** Meldet sich nun Ihr schlechtes Gewissen, fallen Ihnen sofort der Ort und die Form ein. So müssen Sie sich momentan nicht mit diesem Thema beschäftigen, denn das Thema ist woanders ganz gut zwischengelagert. Als erster Schritt gelingt es Ihnen somit, das Thema einige Tage wegzupacken.

Lass die Dinge einfach los!

Haben Sie eine Vorstellung davon, wie viele Dinge Sie besitzen? Machen Sie sich bloß nicht die Mühe, diese zu zählen, denn in einem durchschnittlichen Haushalt gibt es so um die 30.000 Gegenstände. Und wie viele davon gebrauchen Sie täglich? Die Dinge, die sich in unserem Besitz befinden, unsere Schränke und Kommoden füllen, die Dinge, die wir abstauben, aufräumen, suchen, verdammen oder lieben, sind ein Spiegel unserer inneren Befindlichkeiten. Sie dienen uns, spenden uns Trost, erfreuen uns, ärgern uns. Kein Tag vergeht, an dem wir unsere Besitztümer nicht durch den Kauf irgendeines neuen »Teils« ergänzen. Was haben Sie sich heute schon gekauft? Ist außer den täglichen Lebensmitteleinkäufen (die Sie zum Glück verbrauchen) noch etwas anderes in Ihren Taschen gelandet?

Ein neues Buch vom Drehständer an der Tankstelle? Ein neues Messer, das neben der Fleischtheke im Supermarkt ausgestellt war? Ein neues T-Shirt aus der Kollektion eines Kaffeeproduzenten?

Meist ohne zu überlegen, greifen wir zu Sonderangeboten und neuen Produkten, weil sie zu versprechen scheinen, uns die Arbeit und somit das Leben zu erleichtern, uns schöner zu machen oder nur ein gutes Gefühl in uns zu erzeugen. »Wenn ich erst diese Tischsets habe, bin ich die perfekte Gastgeberin. Erst mit diesem Lidschatten sehe ich aus wie die Königin der Nacht.« Welch ein Trugschluss! Die Dinge fressen unser Geld, schleichen sich in unser Leben und in unsere Schränke und mutieren zu Gerümpel, das uns mit der Zeit zur Last wird.

Wie viele Dinge werden gekauft, weil sie uns scheinbar glücklich machen? Weil sie unserem Leben dann eine andere Richtung geben? Oder geben sollen. Sportartikel werden häufig nur deshalb gekauft, weil man endlich anfangen möchte, regelmäßig und dauerhaft Sport zu treiben. Dabei kann das Ziel sein, körperlich fitter zu werden, aber vielleicht möchte man auch besser aussehen und damit endlich in der Lage sein, den Partner fürs Leben zu finden. **Eine Menge Bedingungen werden mit dem Kauf von Dingen verknüpft, und die Werbung unterstützt diese Illusionen natürlich.** Eine Tütensuppe bringt plötzlich die Familie wieder an den gemeinsamen Tisch und führt zu Harmonie. Pickelstifte bringen Menschen zusammen und ermöglichen eine unbeschwerte Kommunikation. Das Katzenfutter macht aus der Katze eine glückliche Katze und dadurch auch ihren Menschen glücklich. **Glücklich ist aber, wer diesen Versprechen nicht glaubt, wer keiner noch so verlockenden Werbebotschaft erliegt.** Beobachten Sie sich doch mal selbst: Was haben Sie in Ihrem Einkaufswagen und welche »Wunscherfüllung« verknüpfen Sie (unbewusst) mit diesen Produkten?

Die Dinge sollen unser Leben verändern

Wie viele Dinge werden gekauft, weil wir uns von ihnen erhoffen, dass sie uns glücklich machen? Weil sie unserem Leben angeblich eine andere Richtung geben? Oder geben sollen. Viele Menschen kaufen sich Kleidungsstücke in einer zu kleinen Konfektionsgröße, weil sie hoffen, dann endlich Diät zu halten. Oder sie kaufen sich ein Gemüsekochbuch in der Hoffnung, dann endlich dem Fast-Food entsagen zu können und sich gesünder zu ernähren. Doch Gegenstände und Vorsätze alleine erzeugen noch keine Veränderung. Sie müssen jetzt auch handeln! Beginnen Sie mit der Diät noch heute! Ziehen Sie Ihre neuen Laufschuhe an und joggen Sie los! Ziehen Sie Ihr neues Kleid an und führen Sie es aus! Setzen Sie sich an Ihren neuen Laptop und schreiben Sie spontan eine Geschichte!

Die »Das-brauche-ich-unbedingt-Falle«

Kaufen wir freiwillig oder werden wir durch Werbung manipuliert? Ein Paar Schuhe, das neueste Handy müssen wir scheinbar unbedingt besitzen. Da hat eine neue Kamera ein paar Pixel mehr als die alte, und schon ist die alte überholt und die neue scheint unentbehrlich.
Brauchen wir die Dinge wirklich oder gehen wir mal wieder nur einem Werbeversprechen auf den Leim: Nur wenn Sie sich mit diesem Duft einsprühen, werden die Frauen auf Sie fliegen. Wenn Sie dieses Gericht auf den Tisch bringen, wird Ihre Familie Sie lieben.
Denn am Ende sehnen wir uns nicht nach einem Teil mehr, sondern nur nach Anerkennung und Liebe. Und die lässt sich nun mal nicht kaufen – vergessen Sie das nie!

Glücklich ist, wer den Versuchungen widerstehen kann und sich nicht von der Werbung manipulieren lässt. Das, was Sie sich wirklich wünschen, können Sie nicht kaufen! Machen Sie sich Ihre Wünsche bewusst! Wie könnte Ihr erster Schritt in Richtung »Wunscherfüllung« aussehen?

Welche Dinge tun mir gut?

Keine Frage, sich etwas zu kaufen kann einen, zumindest kurzfristig, glücklich machen. Endlich mal eine Saftpresse, die gut funktioniert und mir erlaubt, jeden Morgen frisch gepressten Saft zu trinken. Was wäre ich ohne Laptop, der es mir ermöglicht, überall an meinen Büchern zu schreiben? **Diejenigen Dinge, die meine Lebensqualität steigern, weil sie mir die Arbeit erleichtern oder abnehmen, tun mir zweifellos gut.** Auch Kleidungsstücke, in denen ich mich wohlfühle, möchte ich nicht missen, ebenso wenig wie mein Auto, das es mir erlaubt, mich auch an weit entfernte Orte zu begeben.

Welche Dinge schaden mir?

Auf der anderen Seite gibt es Dinge, die mir weniger gut tun, da sie nicht so funktionieren wie geplant und mich somit ärgern. Ich habe eine Videokamera, die noch nie benutzt wurde, weil ich nicht in der Lage bin, sie zu bedienen. Das belastet meine Nerven und mein Zeitkontingent. Beim Konsumfasten sollte man als Erstes die »Heilsversprechen« bestimmter Dinge kritisch analysieren. Viele Keller und Wohnungen sind bevölkert von Fitnessgeräten, die uns ein schlechtes Gewissen einjagen, weil wir sie nicht benutzen. Stepper, Heimtrainer, Bauchtrainer tun ihre Arbeit eben nur zusammen mit uns. Und meistens verlieren wir doch nach ein- bis zweimaligem Gebrauch das Interesse und ignorieren diese Apparate. **Daher sollten Sie sich vor einer Kaufentscheidung immer selbst ehrlich die Frage beantworten, ob Sie den entsprechenden Gegenstand auch wirklich gerne und regelmäßig benutzen werden.**

Im Zweifelsfall könnten Sie ein solches Gerät ja erst einmal für ein paar Wochen von Freunden oder Bekannten leihen und damit in Ruhe testen, wie nützlich es Ihnen wäre, wenn Sie es selbst besäßen. Stellt sich dann heraus, dass Sie es wirklich benutzen, können Sie das Gerät vielleicht sogar günstig von Ihren Freunden kaufen, die es nicht mehr benutzen.

Was brauche ich wirklich?

Da die vielen Konsumartikel, mit denen wir uns umgeben, uns nicht glücklich, sondern im Gegenteil eher abhängig machen, stellt sich die Frage, ob Sie nicht gleich ganz darauf verzichten können. Was macht Sie wirklich glücklich? Sind es die Gegenstände, mit denen Sie sich umgeben? Das neue Paar Pumps? Was brauchen Sie persönlich, um glücklich zu sein? Wobei fühlen Sie sich wirklich glücklich? Wenn Sie die Dinge einkaufen? Wenn Sie die Dinge, mit denen Sie sich umgeben, betrachten? Oder dann, wenn Sie sie

gebrauchen? Oft verblasst der Reiz eines Gegenstands schon in dem Moment, in dem man ihn besitzt. Das Begehren, das Nichthaben übt oft einen viel größeren Reiz aus. Wenn man die Neuerwerbung nach Hause getragen hat, ist es erledigt, der Reiz vorbei, das Objekt kann vollkommen uninteressant werden.

Jäger oder Besitzer?

Oft ist die Jagd viel reizvoller als der Besitz. Darum beobachten Sie sich selbst. Sind Sie eher ein »Jäger«, der Freude auch an einer Schnäppchenjagd hat? Oder sind Sie eher der glückliche Besitzer, der sich noch lange an seinem neu erworbenen Stück erfreuen kann? Manchmal empfindet der Typ »Jäger« Reue nach der Jagd, weil er mal wieder zu spontan eingekauft hat. Der Typ »Besitzer« überlegt seine Einkäufe besser, schläft eventuell noch mal eine Nacht darüber. Beobachten Sie sich, wann Sie im Jäger- und wann im Besitzermodus sind!

Die Lösung: Bewusster konsumieren

Beim tagtäglichen Einkauf ebenso wie beim Lustkauf: Konsumieren Sie einfach bewusster, verzichten Sie auf überflüssige Dinge.

- Lernen Sie beim Einkaufen sich selbst und Ihre wirklichen Motive kennen.
- Kaufen Sie etwas für sich oder für andere?
- Beobachten Sie sich und Ihre Gefühle, wenn Sie sich entschlossen haben, etwas Neues zu kaufen.
- Aus welcher scheinbaren inneren »Not« heraus kaufen Sie ein?
- In welchem momentanen emotionalen Zustand kaufen Sie ein?
- Fühlen Sie sich beim Kaufen gut oder sind Sie gestresst?
- Ist es für Sie ein Frust- oder ein Lustkauf?
- Wollen Sie sich mit dem Kauf belohnen oder trösten?
- Beantworten Sie sich vor der Kaufentscheidung ehrlich die Frage: Macht der Neuerwerb mich glücklich?
- Oft sollen Einkäufe nur eine Lücke im Leben füllen. Fragen Sie sich: Was fehlt mir momentan wirklich in meinem Leben?
- Vermeiden Sie, vor allem bei größeren Anschaffungen, unüberlegte Spontankäufe!
- Legen Sie pro Woche mindestens einen Konsumfastentag ein! An diesem Tag geben Sie kein Geld aus!
- Gehen Sie nur gezielt mit Einkaufszettel einkaufen!
- Entrümpeln Sie vor weiteren Einkäufen erst einmal gründlich Ihre Wohnung.
- Fragen Sie sich bei jedem Kauf: Brauche ich das wirklich?

Probleme loslassen

Problemfasten bedeutet zunächst einmal, keine neuen Probleme mehr ins Leben zu lassen. Passen Sie auf, falls sich eines nähert. Stellen Sie sich vor Ihrem geistigen Auge ein Schild an einer Ladentür vor, auf dem ein Hund abgebildet ist mit dem Schriftzug »Ich muss leider draußen bleiben«. Zeigen Sie dieses Schild den Problemen, die sich Ihnen nähern! Aber wann empfinden wir etwas

überhaupt als problematisch? **Als ein Problem bezeichnet man einen Zustand, mit dem man nicht einverstanden ist.** Wenn der Nachbar zu viel Lärm macht, weicht der Ist-zustand (Lärm) vom Sollzustand (Ruhe) ab, und das ist ein Problem. Aber der Reihe nach: Fangen wir mit Ihren Problemen an. Schreiben Sie alle Ihre Probleme ganz detailliert auf, die Sie zurzeit haben – oder zu haben glauben. Prüfen Sie dann, ob es echte Probleme sind.

Sortieren Sie Ihre Probleme!

Schauen Sie sich jedes einzelne Problem an und ordnen Sie es einer der folgenden Kategorien zu: Ist es ein »hausgemachtes« Problem, das vielleicht nur Sie selbst als solches ansehen? Andere kommen wunderbar mit der heißen Jahreszeit zurecht. Für Sie jedoch stellt dieses Wetter ein Problem dar. Vielleicht handelt es sich um ein eingeredetes Problem, das Sie selbst gar nicht als solches sehen, Ihre Freundin dagegen schon (»In diesem Alter sollte ein Hund sauber sein, du hast hier ein echtes Problem.«)? Vielleicht liegt es auch einfach nur im Trend, gerade dieses Problem zu haben? Fragen Sie sich sehr genau, ob das Problem auch wirklich Ihres ist.

Hausgemachte Probleme

Oft stecken wir selbst so tief in unseren Problemen, dass wir den klaren Blick verloren haben. Es stellt sich dann die Frage, ob überhaupt ein Problem vorliegt. Denn neben der Definition, dass bei einem Problem der Ist- vom Sollzustand abweicht, gibt es noch ein weiteres wichtiges Merkmal: Probleme lassen sich meist lösen – Fakten sind jedoch nicht zu ändern. Legen Sie also das »Wetter-Problem« deshalb gleich ad acta. Denn am Wetter ist nichts zu ändern! Es ist eine Tatsache, die Sie selbst zum Problem erklären. Diejenigen Situationen, die Sie nicht verändern können, sollten Sie auch nicht als Problem betrachten, sondern einfach als Fakten, und mit diesen können Sie sich abfinden. Sie können sich sogar damit anfreunden.

Eingeredete Probleme

Könnte es sein, dass Ihr Problem gar keines ist, sondern Ihnen von Außenstehenden eingeredet wurde? Die Aussage »Du siehst ja heute richtig schlecht aus, lass dich doch mal durchchecken« kann Ihr bisheriges Wohlbefinden schnurstracks in den Keller schicken. Plötzlich

Die »Ich-werde-gebraucht-Falle«

Nichts löst sich scheinbar so leicht wie die Probleme anderer. Wenn in der Nacht Ihre Freundin anruft und Ihnen ihre Beziehungsprobleme vorheult, wie fühlen Sie sich dabei? Gestört, weil sie Ihnen den Schlaf raubt, und danach doch wieder tut, was sie will? Oder sind Sie eher geschmeichelt? Breitet sich ein warmes Gefühl in Ihnen aus? Weil sie Ihnen die Kompetenz unterstellt, ihr Ratgeber und Problemlöser zu sein? Weil Sie dringend gebraucht werden? Falls es Sie anstrengt, ständig auf »Abruf« bereitzustehen und Sie sich über sich selbst ärgern, sollten Sie die Konsequenzen ziehen: Denken Sie an Ihr eigenes Wohlbefinden und sagen Sie auch mal Nein und ziehen Sie Ihre Grenzen. Falls Sie aber Freude daran haben, anderen ständig zur Verfügung zu stehen, gibt es auch keinen Grund, diesen Zustand zu verändern!

schauen Sie in den Spiegel und lauschen in sich hinein, ob Sie nicht doch irgendwo Schmerzen haben, und Stunden später geht es Ihnen dann wirklich schlecht. Schicken Sie diese scheinbaren Probleme, die für Sie keine sind, gleich wieder weg, vielleicht mit den Worten: »Geh weg, du gehörst mir nicht!« Und weisen Sie Ihre vermeintlichen Ratgeber in die Schranken: »Danke, es geht mir sehr gut, es könnte gar nicht besser sein!« Manche Menschen säen einfach gerne Zweifel, Ängste und Zwietracht, wo immer sie können, und sei es auch nur, um sich und ihre Mitmenschen von ihren eigenen Problemen abzulenken.

Trendige Probleme

Die Hitliste der gesellschaftlich akzeptierten Probleme wird angeführt von dem Problem »Zeitmangel«.

»Ich würde ja so gerne, aber ich habe so wahnsinnig viel zu tun und daher keine Zeit.« Es ist chic, keine Zeit zu haben und das als Problem darzustellen. Wer einfach spontan Zeit hat, outet sich als jemand, der nichts zu tun hat und folglich auch keine wichtige Persönlichkeit ist. Ich verblüffe meine Mitmenschen ab und zu mit der Aussage: »Ich habe immer Zeit.« Was auch stimmt! **Denn für das, was einem wirklich wichtig ist, findet sich auch immer die Zeit.**

Keine Zeit zu haben ist kein Problem, sondern eine Frage der Prioritäten. Oft wäre die Aussage »Ich habe keine Lust« oder »Dafür will ich keine Zeit opfern« ehrlicher. Im Übrigen ist die Zeit eines der wenigen wirklich gerecht verteilten Güter: Jedem von uns steht exakt gleich viel davon zur Verfügung, nämlich 24 Stunden am Tag! Wie Sie diese nutzen, entscheiden alleine Sie. Nützen Sie sie! Denn Zeit lässt sich nicht »aufsparen« wie Geld auf dem Konto!

Die »Ich-löse-die-Probleme-anderer-Falle«

Keine Frage, dass man seinen Freunden und Familienangehörigen hilft, auch mit Rat und Tat beiseite steht, wenn es ihnen schlecht geht. Allerdings sollte man einem anderen nur dann helfen, wenn er diese Hilfe auch einfordert. Wie oft maßen wir uns an zu wissen, was dem anderen fehlt, und wollen ihm helfen, obwohl diese Hilfe gar nicht gefragt ist. Dadurch werten wir den anderen ab, weil wir ihm nicht zutrauen, mit seinen Problemen allein fertig zu werden. Also mischen Sie sich bitte nicht ungefragt in die Probleme anderer ein. Schon zu Ihrem eigenen Schutz! Oft denkt man tagelang über deren Probleme nach, während es den Betroffenen schon wieder richtig gut geht! Sie haben doch sicherlich mit Ihren eigenen Problemen genug zu tun, oder?

Echte Probleme

Ich habe momentan beim Schreiben das echte Problem, dass mein kleiner frecher Toypudel um mich herumrennt und bellt. Jetzt frage ich mich das, was Sie sich bei jedem auftauchenden Problemen auch fragen sollen: Ist es ein Problem, das sich lösen lässt? Ist es überhaupt mein Problem? Denn, lassen Sie die Finger von den Problemen anderer. Oder aber ist es ein Faktum? Wie beispielsweise das Wetter, das man nicht verändern kann.

Mein bellender Hund ist ein echtes Problem, die Frage ist nur noch: Wie löse ich es? Doch dazu unten mehr. Eine Lösung gibt es sicher, vielleicht auch mehrere. Echte Probleme beinhalten meist auch ihre Lösung – man muss sie nur sehen.

Probleme lösen

Wie kommt man jetzt aber vom momentanen Istzustand des Problems in den Sollzustand der Lösung? Hier ist Ihre Kreativität ist gefragt! Denn in dem Moment, in dem wir uns auf der kreativen Ebene befinden, sind wir in unserer Kraft. Wer aber nur jammert, bleibt auf einer selbstzerstörerischen Ebene, die ihm keine Lösung ermöglichen kann. Die Frage »Warum musste mir das passieren?« ist statisch, die Frage »Wie kann ich das verändern?« dagegen dynamisch. Lassen Sie auch verrückte Ideen zu. Zäumen Sie doch mal das Pferd von hinten auf: »Angenommen ich hätte das Problem schon gelöst, wie hätte ich das gemacht?«

Probleme akzeptieren

Probleme, die sich anscheinend einer Lösung entziehen, kann man betrachten und dann einfach akzeptieren. Mit einem »Ach ja, da bist du ja wieder!« toleriert man es als Teil des eigenen Lebens. Die Lösung wird hierbei nicht ausgeschlossen. Wollen Sie Ihr Problem jedoch mit Gewalt loswerden, wird es sich wahrscheinlich sogar vergrößern. Dann wird es an Ihnen kleben und die Chance, es loszuwerden, schwindet.

Lösung: Probleme umetikettieren

Oft drehen wir uns mit unseren Problemen im Kreis und finden keine Lösung. Eine Methode, um den Standpunkt zu verändern: Kleben Sie ein anderes Etikett auf Ihr Problem!

- Sie brauchen eine leere Flasche, ein Klebeetikett und ein paar ruhige Minuten.
- Nehmen Sie die leere Flasche und füllen Sie sie mit Wasser.
- Während das Wasser hineinfließt, stellen Sie sich vor, dass sich die Flasche mit dem Problem füllt, von dem Sie sich eine Zeit lang trennen wollen (beispielsweise weil es nicht Ihr Problem ist).
- Schrauben Sie die Flasche zu und beschriften Sie ein Klebeetikett mit dem Inhalt, beispielsweise »Jobsuche meiner Tochter«.

- Wenn es sich um Ihr eigenes Problem handelt, beispielsweise »kein Geld«, dann schreiben Sie auf das Etikett die Lösung »Jede Menge Geld«, auch wenn das utopisch erscheint.
- Stellen Sie die Flasche in Ihren Keller, in den Kühlschrank, zu anderen Flaschen.
- Immer wenn Sie sich selbst dabei ertappen, dass Sie an das Problem denken, sagen Sie sich »Stopp« und visualisieren Sie den Ort und die Flasche.
- Lassen Sie los, wann immer Ihnen das Problem in den Sinn kommt: Im Moment beschäftigt sich eine andere Instanz mit diesem Problem.
- Lagern Sie die Flasche vier Wochen, dann können Sie sie entsorgen.
- Füllen Sie jetzt eine Flasche mit einem neuen Problem.

Lass die Aufgaben einfach los!

Das heutige Leben ist so komplex wie nie zuvor. Obwohl es für viele Aufgaben Helfer der modernen Technik gibt, wird die Arbeit nicht weniger. Im Haushalt helfen uns Waschmaschine, Geschirrspüler und viele andere Geräte, Staubsauger und Dampfreiniger halten die Wohnung sauber. Eine Hausfrau von heute müsste eigentlich Zeit haben.

Aber warum hat sie das nicht? Im bäuerlichen Haushalt vor hundert Jahren hat man den Küchenboden mal ausgefegt, und erledigt war das Saubermachen. Kleidung hat man einmal in der Woche gewechselt, es gab einen Waschtag und gebadet wurde am Samstag. Mit unseren zunehmenden technischen Möglichkeiten änderten sich die Standards. Man will die Küche nicht mehr nur sauber, sondern »rein«, fast keimfrei halten. Dass dieser Standard mit einem erhöhten Aufwand einhergeht, ist klar. Wir wechseln unsere Kleidung mindestens einmal, wenn nicht mehrmals täglich, genauso oft wird gewaschen. Sich einmal in der Woche zu baden ist in den Zeiten des täglichen Duschens undenkbar. Durch einen erhöhten Lebensstandard und durch höhere ästhetische bzw. hygienische Anforderungen hat sich, trotz maschineller Hilfen, die Arbeitslast im Haushalt vergrößert. Die Ansprüche haben sich auch im Büro verändert. Schrieb man früher einfach auf ein weißes Blatt Papier mit Schreibmaschine, muss heute das Layout perfekt sein.

Daher überfordern sich viele oft selbst. Um perfekt zu wirken und den wachsenden Aufgaben gerecht zu werden, belegen wir in der Freizeit noch freiwillige Kurse. Viele nehmen sich Arbeit mit nach Hause und lassen sich von Freunden helfen, um nicht zugeben zu müssen, dass sie am Arbeitsplatz überfordert sind – sei es quantitativ oder qualitativ. Falls dies auch auf Sie zutrifft, sollten Sie wenigstens zu Ihrer Leistung stehen und nicht Ihrem Vorgesetzten das Gefühl vermitteln, dass dieser Einsatz »ganz normal« ist.

Der Druck nimmt zu

Gerade in wirschaftlich schlechten Zeiten nimmt der Druck auf die Erwerbstätigen zu. Es werden immer mehr Arbeiten von immer weniger Leuten erledigt. Stelleneinsparungen führen nicht unbedingt dazu, dass auch die Arbeit weniger wird. Sie wird nur auf weniger Leute verteilt. Wer noch Arbeit hat, hat mehr zu tun. Das führt zu Stress!

Der Beruf zusammen mit den Aufgaben des Haushalts lastet jeden von uns schon gut aus. Wir setzen uns dann zusätzlich unter Druck mit selbst gewählten Aufgaben wie Sport, Ämtern in Vereinen und Ähnlichem. Sogar Kinder sind neben den Aufgaben der Schule mit Aktivitäten wie Sport und Musikunterricht absolut verplant. Die selbst bestimmte Zeit wird für uns alle rar!

Wenn alles durchorganisiert ist, Sie also vom Aufstehen bis spätnachts jede Sekunde verplant haben, fallen natürliche Pausen oder Zeiten des Müßiggangs weg. Stress ist die Folge! Auf körperlicher Ebene äußert sich dieser durch Magenbeschwerden, Nervosität, Schlafstörungen oder andere Symptome des »Ausgebranntseins«. Das Burn-out-syndrom ist als neue Zivilisationskrankheit auf dem Vormarsch, die sich körperlich recht unterschiedlich äußern kann.

So mancher Stress ist selbst gemacht

Druck von außen erzeugt Stress. Der Abgabetermin einer Arbeit, der Präsentationstermin am Montag – im Job müssen wir perfekt funktionieren. Anderen Stress machen wir uns selbst: Da muss unbedingt noch die Wäsche gebügelt werden, obwohl draußen die Sonne scheint und Sie so einen Tag lieber in einem Straßencafé genießen sollten.

 ## Die »Multitasking-Falle«

Kommt Ihnen die folgende Situation bekannt vor? Sie telefonieren und sehen draußen den Postboten kommen. Mit dem Telefon in der Hand, weiter im Gespräch, gehen Sie nach unten zum Briefkasten. Auf dem Weg dorthin fällt Ihnen ein, dass Sie auch noch rasch im Keller eine Waschmaschine füllen könnten. Mit einer Hand erledigen Sie das, Ihr Telefonat hält an. Sie nehmen gleich noch eine Dose Hundefutter mit aus dem Vorratskeller und gehen die Treppen wieder hinauf. Als Sie Ihr Telefonat beendet haben, fällt Ihnen ein, was Sie eigentlich wollten: Die Post holen! Wir machen zu vieles gleichzeitig und doch nichts richtig: Diese Kompetenz, auf die besonders Frauen sehr stolz sind, nennt sich Multitasking. Versuchen Sie es doch in Zukunft mal mit »Eins nach dem andern«!

Die »So-gut-wie-ich-macht-es-keiner-Falle«

Während Ihre Kolleginnen und Kollegen schon das Weite gesucht haben, haben Sie sich noch einen Auftrag aufhalsen lassen? Wie passiert das? Vielleicht können Sie Ihrem Chef schwer widerstehen, weil er Sie genau da anpackt, wo Sie zu fassen sind? Sie tappen in die »So-gut-wie-ich-macht-es-keiner-Falle« und fühlen sich auch noch geschmeichelt, dass er Sie gefragt hat? »Das machen Sie doch mit links«, sagt er, und Sie hören: »Er schätzt mich und hat eine hohe Meinung von mir.« Eine Falle, die besonders bei Frauen zuschnappt, die wenig Selbstwertgefühl haben und abhängig von der Anerkennung anderer sind. Die Lösung? Sagen Sie nett und freundlich: »Nein!«

Manch einer setzt sich selbst so stark unter Stress, dass er Zeit mit seinen Freunden oder seiner Familie gar nicht mehr genießen kann. Warum also zeitraubende Tätigkeiten, wie zum Beispiel das leidige Bügeln, nicht generell mal überdenken? Müssen die T-Shirts und Hosen der Kinder wirklich gebügelt sein? Wozu gebügelte Bettwäsche, Geschirrtücher und Unterhosen? Wer Bügeln als Vergnügen empfindet, soll es tun, wer es als Stress empfindet, sollte sich fragen, wie er diesen umgehen kann.

Durchforsten Sie Ihr Leben nach »verstecktem« Stress, den Sie sich unnötigerweise selbst auferlegen. Stellen Sie Ihr Bügeleisen in den Kühlschrank. Dort wird es runtergekühlt! Wenn Sie dann wieder mal daran denken, Ihre gesamte Wäsche zu bügeln, denken Sie an Ihr Bügeleisen, das gerade Urlaub in Ihrem Kühlschrank macht. Beobachten Sie sich: Haben Sie sich schon nach wenigen Tagen an die ungebügelten Stücke gewöhnt? Wird Ihr Ansporn zu bügeln geringer?

Befreien Sie sich von Ihrem privaten Druck! Den können Sie nämlich selbst regulieren. Sind Sie nicht einmal am Wochenende ohne Termin, weil eine Einladung die nächste jagt? Welche gesellschaftliche Verpflichtung erfüllen Sie nur sehr widerwillig? Geben Sie die Ämter ab, die Ihnen keinen Spaß mehr machen! Welche Aufgaben wollen Sie schon lange loswerden? Welcher Aufwand ist Ihnen einfach zu hoch? So schön es ist, Urlaub zu machen, so stressig ist es oft, wegzufahren. Packen, die Fahrt zum Flughafen, der Flug, der Stress durch die unbekannte Umgebung und dann wieder zurück in die Heimat und zum Alltag – das ist für manchen anstrengender als zu arbeiten. Falls für Sie Urlaub mehr Stress als Erholung bedeutet, sollten Sie Ihr Urlaubsziel überdenken! **Bilanzieren Sie Ihre Aufgaben, Ihre Hobbys und Ihre Verpflichtungen. Sortieren Sie all jene aus, bei denen Aufwand und Vergnügen in keinem guten Verhältnis stehen.** Hierbei ist es wichtig, dass Sie sich selbst gegenüber ehrlich sind. Macht es Ihnen wirklich Spaß, Golf zu spielen, oder tun Sie es nur aus Prestigegründen? Legen Sie eine Liste Ihrer Aktivitäten an und streichen Sie diejenigen, die mehr Last als Vergnügen sind.

Kommt eine neue Aufgabe, muss eine alte gehen!

Halten Sie Ihr Leben im Gleichgewicht, indem Sie keine neuen Aktivitäten beginnen, keine neuen Aufgaben oder Verpflichtungen mehr annehmen, bevor Sie sich nicht von alten getrennt haben. Sie gehen mit Ihrem neuen Welpen einmal wöchentlich in die Welpenschule? Dann wäre es genau jetzt an der Zeit, sich vom ungeliebten Amt als Kassierer des Turnvereins zu verabschieden. Sie kochen mittags für die Kindergartengruppe? Dann leisten Sie sich doch zu Hause eine Putzfrau! Denken Sie daran: Es kommt keine neue Aufgabe ins Haus, bevor Sie nicht eine andere Verpflichtung abgegeben haben!

Die Lösung: Nein sagen

Wenn Sie gefragt werden, ob Sie eine Aufgabe übernehmen, beobachten Sie, welche Mechanismen bei Ihnen greifen, und halten Sie inne, bevor Sie antworten.

- Sagen Sie einfach Nein, wenn Sie der Gedanke beschleicht: »Es ist genug, und ich habe eh schon mehr zu tun als andere Leute. Soll er sich doch einen anderen suchen.«
- Äußern Sie einfach ein klares und deutliches Nein.
- Sagen Sie einfach Nein und denken Sie daran, dass hinter dem Nein ein Punkt steht und danach keine Begründung mehr kommt. Kein Nein Komma denn …« oder »Nein Komma aber …«.
- Wenn Sie keine Lust haben, einer Einladung Folge zu leisten, dann sagen Sie einfach und ehrlich: »Nein, danke!«

- Wenn Sie sich überfordert fühlen und mit Ihren Kräften am Ende sind, sagen Sie zu zusätzlichen Aufgaben Nein.
- Wenn Sie das Gefühl haben, in eine Sache hineingezogen zu werden, die nicht die Ihre ist, sagen Sie einfach Nein.
- Sie müssen nicht alle Angebote annehmen und alle Gelegenheiten ergreifen, wenn Sie kein gutes Gefühl dabei haben.
- Wenn man Sie in Klatsch und Tratsch hineinziehen will, sagen Sie zu sich Nein und verlassen Sie die Situation.

Generell gilt:

- Versuchen Sie nicht zu viele Aufgaben gleichzeitig zu erledigen: »Eins nach dem andern«.
- Bevor Sie eine neue Aufgabe annehmen, entscheiden Sie, welche Sie dafür loslassen.

Lass die überflüssigen Informationen los!

Liegt bei Ihnen schon lange ein Stapel ungelesener Zeitschriften oder Zeitungen herum? Sie würden sie gerne lesen, kommen aber trotz aller Bemühungen einfach nicht dazu? Sie nehmen Filme auf, die Sie sich dann nicht ansehen, Sie stapeln Bücher, die Sie gerne lesen würden? Sie würden sich gerne mehr informieren, Sie sind an allen möglichen Themen interessiert, aber Sie finden die Zeit nicht, sich damit zu beschäftigen? Dann sind Sie sicher überfordert oder überfordern sich ständig selbst! Aber Sie sind in der besten Gesellschaft! Müde schaltet der moderne Mensch spätabends noch die Nachrichten ein, weil er ja schließlich »informiert« sein will. Noch im Bett checkt er ein letztes Mal seine E-Mails und sein Handy, er möchte ja nichts Wichtiges verpassen, bevor er (beruhigt?) einschlafen kann.

Wir leben im sogenannten Informationszeitalter. Alle 20 Jahre verdoppeln sich die Informationen auf diesem Planeten. **Wie sehr wir uns auch anstrengen, wir werden es nie schaffen, total informiert zu sein.** Angelesenes, auswendig gelerntes Wissen bringt uns in der heutigen Welt nicht weiter. Es sei denn, um bei Fernsehquizshows bis zur Millionenfrage durchzudringen. Im Informationszeitalter sind andere Kompetenzen gefragt: gehirngerechte Lernmethoden, die es uns erlauben, mehr Informationen zu verarbeiten und Gelerntes zu speichern. Methoden, die es ermöglichen, unsere eigene Gehirnkapazität voll auszuschöpfen (es wird behauptet, dass wir nur zehn Prozent unseres Gehirns benutzen). Fähigkeiten, sich in neue Sachverhalte schnell einzuarbeiten, zu recherchieren und neues Wissen anzuwenden. Wichtig wird in Zukunft weniger, was wir lernen, als vielmehr, wie wir es lernen.

Für jeden Einzelnen von uns ist es auch heute schon wichtig zu unterscheiden, welche Information uns wirklich nützt, uns stärkt, uns guttut. Und welche Information nur Angst und schlechte Gefühle erzeugt.

Sind Sie informationssüchtig?

Für viele ist jeden Abend die Zeit der »Tagesschau« eine »heilige« Zeit, in der auf keinen Fall gestört werden darf. Die Nachrichten scheinen an die Stelle von Gottesdiensten getreten zu sein. Sie gehören zum täglichen Ritual. Wer sich ohne Zeitung zum Frühstück »hungrig« fühlt, selbst im Auslandsurlaub seine deutsche Tageszeitung braucht, ist unter Umständen informationssüchtig beziehungsweise -abhängig. Der Drang, immer informiert sein zu müssen, kann zwanghaft werden. Ohne ihn zu stillen empfindet man eine bedrohliche Leere. Genauso wie ein Raucher sich ohne Zigaretten unvollständig fühlt. Wenn Sie Ihre Freizeitplanung abhängig von Nachrichtensendungen machen, wenn

Ihnen diese wichtiger sind als reale menschliche Begegnungen, ist ein Suchtaspekt vorhanden. Dann ist ein zeitweiser Informationsentzug anzuraten. Beobachten Sie sich: Wie lebt es sich ohne? Wie reagieren Sie auf den »Entzug«? Werden Sie unruhig? Was fehlt Ihnen wirklich? Die Ablenkung von Ihren Problemen? Beschäftigen Sie sich doch mal mit sich selbst!

Fernsehfasten

Wie viele Stunden täglich starren Sie auf den Fernseher? Der bundesdeutsche Durchschnitt liegt bei drei bis vier Stunden. Was könnten Sie in diesen Stunden nicht alles machen, wofür Sie »keine Zeit haben«? Wünschen Sie sich nicht selbst hin und wieder, weniger fernzusehen? Was hindert Sie daran abzuschalten? Oder den Apparat gar nicht erst einzuschalten? **Gerade beim Fernsehen wird sehr deutlich, wie eingefahren unsere Gewohnheiten sind und wie schwer es ist, diese zu durchbrechen.**

Sind Sie Fan einer bestimmten Vorabendserie? Reagieren Sie verärgert, wenn Sie in dieser Zeit angerufen oder besucht werden? Oft sind die in den Fernsehserien dargestellten Familien Ersatzfamilien geworden. Man nimmt teil am Familienleben anderer, weil man kein eigenes hat oder weil es einfacher ist, nur zuzuschauen, anstatt selbst als Familienmitglied verantwortungsvoll zu handeln. Das Fernsehprogramm ist aber kein gleichwertiger Ersatz für ein eigenes Lebensprogramm.

Falls Ihnen die künstlichen Figuren bereits wichtiger geworden sind als Freunde und Familie, sollten Sie sich dringend einem Fernsehentzug unterziehen! Wie wäre es fürs Erste mit einem fernsehfreien Tag in der Woche? Oder nehmen Sie sich das Fernsehprogramm vor und streichen Sie alle Sendungen an, die Sie interessieren. Schalten Sie dann nur zu gegebener Uhrzeit und zu der Sendung ein, die Sie wirklich sehen wollen. Danach schalten Sie wieder aus.

Computer- und Internet-fasten

Fast noch schneller als beim Fernsehen vergeht die Zeit im Internet. Egal was Sie da so veranstalten – sich informieren, googeln, chatten, surfen –, man verliert den Überblick über die verbrachte Zeit. Da hilft nur eins: Kontrolle! Werden Sie sich erst einmal darüber klar, wie viel Zeit Sie tatsächlich mit diesen Aktivitäten verbringen. Also auf die Uhr schauen! Oder fragen Sie Ihren Partner. Denn oft beschweren sich diese, dass sie den ganzen Abend allein gelassen werden und in Konkurrenz zum PC treten müssen.

Falls Sie sich ehrlich beobachtet haben und selbst erschrocken sind über das zeitliche Ausmaß, das Ihr »Hobby« beansprucht, kommt die Kontrolle. Halbieren Sie Ihre Zeit und stellen Sie einen Wecker, der Sie daran erinnert, wann es Zeit ist, den Computer auszuschalten!

Die »Ich-sollte-alles-wissen-Falle«

Dass die meisten von uns heute dank Internet einen schier unendlichen Zugang zu Informationen aller Art haben, scheint uns nicht zu entspannen. Je mehr Informationen wir ausgesetzt sind, desto mehr haben wir das Gefühl, etwas zu verpassen. Fachzeitschriften, Fernseh- und Nachrichtensendungen überschwemmen uns derart, dass wir oft nicht mehr in der Lage sind, Unwichtiges von Wichtigem zu unterscheiden. Das kann dazu führen, dass man vollkommen dicht macht, weil man absolut überfordert ist. Lassen Sie sich nicht unter Druck setzen! Sie wissen doch, wenn Sie etwas nicht wissen, können Sie im Internet recherchieren. Sie müssen nicht alles wissen, Sie müssen nur wissen, wo man nachschlagen kann, oder jemanden kennen, der es weiß.

Seminarfasten

Der Seminarmarkt wird immer einflussreicher. Auf der einen Seite werden professionelle Weiterbildungsseminare angeboten, bei denen es sich um beruflich relevante Informationen handelt. Aber auf der anderen Seite wimmelt es nur so von Seminaren, Workshops und Schnupperkursen, die dem Bereich »Selbstfindung und Selbstverwirklichung« dienen. Diese in der Regel am Wochenende stattfindenden Veranstaltungen sprechen eine überwiegend weibliche Zielgruppe an, die sich in einer Lebenskrise befindet oder sich neu orientieren möchte. Eine derartige Selbstfindung sollte jedoch in eine selbstbestimmte und glückliche Lebensweise münden und nicht in eine Abhängigkeit von Veranstaltungen dieser Art. Mindestens drei von vier Wochenenden sollten Sie auch mal ohne Seminar auskommen. Machen Sie auch nicht einen ganzen Seminarzyklus mit, wenn Ihnen schon der erste Tag nicht gefallen hat.

Handyfasten

Keine Erfindung der letzten Jahre hat unseren Kommunikationsstil derart rasant verändert wie das Handy. Es ist ständiger Begleiter, verbindet uns überall mit anderen und daher trennen wir uns ungern, von ihm. Aber nichts ist lästiger, als unfreiwillig die Telefonate anderer mithören zu müssen, wie beispielsweise in der Bahn. »Ich sitze im Zug« ist eine Information, welche die Mitreisenden wenig interessiert. Hier geht es längst nicht mehr um den Austausch von Informationen, sondern eher um die Überbrückung von Langeweile.

Es ist schlicht und einfach unhöflich, beispielsweise bei einer Verabredung sein Gegenüber stehen zu lassen und dafür zu telefonieren. Es ist eine Missachtung der Anwesenden, wenn man mit seinem Handy spielt. Im Restaurant hat das Handy ebenso wenig verloren wie in Vortrags- und Seminarräumen, in Kirchen und Kinos. Schalten Sie es aus!

Die Lösung: Selektieren der Informationen

Alles, was wir an Informationen aufnehmen, wirkt auch auf unsere mentale Gesundheit. Darum schützen Sie sich selbst vor geistigem Müll!

- Akzeptieren Sie erst einmal die Tatsache, dass Sie gar nicht alles wissen können!
- Nehmen Sie gezielte kleine Einheiten von Informationen zu sich.
- Wählen Sie bewusst und sorgsam aus, welche Art der Information Sie in Ihr Gehirn und somit in Ihr Leben lassen.
- Finden Sie sich damit ab, dass andere besser informiert sind als Sie selbst!
- Kaufen Sie nicht spontan Zeitschriften, Bücher und Filme, planen Sie genau im Voraus, was Sie konsumieren wollen – vor allem: wann Sie dazu Zeit haben.

- Die Einstellung, nicht alles wissen zu müssen, nimmt den Stress und ist unglaublich erleichternd.
- Schützen Sie sich selbst vor krank machenden Informationen.
- Schalten Sie Sendungen aus, die solche »schlechten« Informationen verbreiten.
- Lesen Sie Fachzeitschriften gleich nach Erscheinen. Wenn Sie es nicht schaffen, sie zu lesen, bevor die nächste Ausgabe erscheint, bestellen Sie Ihr Abo ab.
- Wählen Sie aus dem Fernsehprogramm gezielt nur wenige Sendungen aus und planen Sie so Ihren Fernsehkonsum.
- Man muss nicht alles wissen, sondern nur jemanden kennen, der es weiß, oder wissen, wo man es nachschlagen kann.
- Schalten Sie öfter das Handy einfach aus. Sie müssen nicht immer erreichbar sein.

Lass unnötige Aktivitäten los!

Es scheint nicht auszureichen, dass wir in einen Job eingespannt und den zunehmenden Aufgaben dort kaum gewachsen sind. Wir setzen uns auch noch in der Freizeit unter Druck. Nach der Arbeit geht's ins Fitnessstudio oder zum Laufen, danach treffen wir uns mit Freunden oder haben allerlei »gesellschaftliche Verpflichtungen«. Ehrenämter oder Vereinssitzungen füllen das Wochenende ebenso wie Marathontraining oder Hundeschule. Wir treiben Sport, um fit zu bleiben, aber in Wahrheit macht uns unser selbst gemachter Fitness-Stress krank! Macht Ihnen wirklich alles Spaß, was Sie machen? Oder was sind Ihre wahren Beweggründe, sich auch noch in der Freizeit Ihren Terminkalender randvoll mit Verpflichtungen zu packen? Haben Sie ein schlechtes Gewissen, wenn Sie mal gar nichts tun?

Hobby als Verpflichtung

Spielen Sie Golf, weil Sie es lieben, diesem kleinen weißen Ball nachzulaufen, oder eher weil Sie sich durch Ihre Mitgliedschaft im Golfclub geschäftliche Kontakte erhoffen? Gehen Sie abends noch auf eine Vernissage, weil Sie Kunst lieben oder weil Sie denken, dort Aufträge akquirieren zu können? Tatsache ist: Zu viele Verpflichtungen und verplante Zeit machen Sie krank! Sagen Sie ab jetzt nicht immer Ja zu allen Terminen in Ihrer Freizeit. Fragen Sie sich vor jeder Zusage: Macht es mir wirklich Spaß, da hinzugehen? Oder gehe ich eigentlich nur, weil ich denke, dass man es von mir erwartet? Erhoffe ich geschäftliche Vorteile durch neue Kontakte? Oder will ich dem Gastgeber einen Gefallen tun?

Familiäre und gesellschaftliche Verpflichtungen

Wer zwingt Sie, auf die Weihnachtsfeier Ihres Betriebes zu gehen oder zum Geburtstagkaffee von Tante Annemarie? Warum umschreiben wir Veranstaltungen, an denen wir ungern teilnehmen, als »Verpflichtungen«? Wenn man sich auf der Weihnachtsfeier nicht sehen lässt, erweckt man schnell den Eindruck, an den Geschehnissen im Betrieb nicht richtig interessiert zu sein. Was eventuell zu karrierehemmenden Konsequenzen führen könnte. Also gehen wir hin, zwar ungern, aber wir gehen.

Die Veranstaltung können Sie nicht ändern, wohl aber Ihre Einstellung dazu! Wenn ich etwas mache, was ich vielleicht ungern mache, dann tue ich so, als ob es mir Spaß macht! Und siehe da, es kann ein gelungener Abend werden. **Konzentrieren Sie sich nicht auf das Negative, sondern picken Sie sich eine Rosine aus dem Kuchen.** »Das Essen wird vorzüglich sein!« Oder: »Ich treffe dort meinen Lieblingscousin Peter, und ich freue mich auf ihn.« Also entscheiden Sie vorab, ob Ihnen etwas Freude machen wird oder nicht.

Aber wenn Sie hingehen, gehen Sie mit Freude! Denn dann stellt sich die Freude auch wirklich ein. Und wenn Ihnen vor einer Veranstaltung der Gedanke kommt, »da sollte man sich eigentlich mal zeigen«, fragen Sie sich zunächst, warum eigentlich und was Sie davon haben. Ich bin sicher, Sie finden auch die eine oder andere »Verpflichtung«, die mit Ihnen und Ihren Interessen nichts zu tun hat. **Genießen Sie dann ganz bewusst Ihren freien Abend zu Hause!**

Entschlacken Sie Ihr Leben

Wie viele Sportarten betreiben Sie wirklich aktiv? Besitzen Sie Skier und haben Sie diese schon länger als zwei Jahre nicht mehr gefahren? Was wollten Sie schon immer mal ausprobieren? Paragliding? Dann verabschieden Sie sich zunächst von einer Sportart, die sowieso seit Jahren brachliegt. Schauen Sie sich doch mal in Ihrem Keller um und entscheiden Sie, was weg kann.

 ### Die »Sonst-macht-es-doch-keiner-Falle«

Welch schönes Gefühl – unentbehrlich zu sein! Warum machen Sie so vieles? »Weil es sonst ja keiner macht«, ist oft die Antwort. Es hat sich keiner gemeldet, der sich als Elternsprecher zur Verfügung stellen wollte, und da es sonst ja keiner macht, hat man sich selbst geopfert.
Der Mensch, mag er noch so selbstlos erscheinen, tut nichts aus reiner Nächstenliebe. Was also hat jemand davon, sich für das scheinbare Wohl der Allgemeinheit zu »opfern«? Zum einen darf er sich als Opfer fühlen, zum anderen hängt er sich das Mäntelchen des »guten Menschen« um. Dagegen ist nichts zu sagen, wenn man damit der Allgemeinheit dient. Aber glauben Sie nicht, dass Sie es selbstlos tun! Grund ist: Sie erwerben die Anerkennung oder das Mitgefühl Ihrer Mitmenschen.

Die »Schlechtes-Gewissen-Falle«

Gerade besonders aktive Menschen bekommen schnell ein schlechtes Gewissen, wenn sie nicht alles schaffen, was sie sich vorgenommen haben. Der Heimtrainer, der unbenutzt im Gästezimmer steht (»Ich sollte mich da eigentlich täglich draufsetzen!«), kann es wecken. Die unbenutzten Dinge können in uns ebenso leicht ein schlechtes Gewissen wecken wie unsere Mitmenschen. Der Entsafter in der Küche spricht: »Du solltest dich gesünder ernähren!«, der Tennisschläger: »Du solltest mehr Sport treiben!«. Wobei das schlechte Gewissen immer ein Gefühlszustand ist, der in uns entsteht. Folglich können wir uns auch dagegen entscheiden und uns sagen: »Es ist alles vollkommen in Ordnung, wie es ist.«

Alte Tennisschläger? Inliner? Golfausrüstung? Wie lange hatten Sie diese Dinge nicht in der Hand und nicht im Gebrauch? Wenn es mehr als ein Jahr ist, dann schaffen Sie sie ab! Denn sonst agieren diese Geräte wie ein schlechtes Gewissen, das Ihnen ständig sagt: »Du solltest mal wieder …« Vielleicht stehen in Ihrem Keller auch noch unbenutzte Heimtrainer, Stepper oder irgendwelche angestaubten Bauch-weg-Geräte herum? »Du musst viel mehr Sport machen, weniger essen und auch zu Hause trainieren!«, scheinen Ihnen diese Geräte zuzuflüstern.

Nehmen Sie den selbst gemachten Druck aus Ihrem Leben und verabschieden Sie sich von diesen Gerätschaften! **Suchen Sie sich eine zu Ihnen und Ihrem Alter passende Sportart.** Mit 50 Jahren muss man kein Marathontraining mehr beginnen, wenn man 20 Jahre lang nicht gelaufen ist. Verzichten Sie auf teures und aufwendiges Gerät! Auch ohne Nordic-Walking-Stöcke kann man spazieren gehen.

Reduzieren Sie den Aufwand

Was für Sport gilt, gilt auch für alle anderen Hobbys. Mit wie viel Zubehör leben Sie in Ihrer Wohnung? Gibt es Unvollendetes? Ein Pullover, der seit Jahren halb fertig an den Stricknadeln hängt? Zugeschnittene Stoffe, die endlich mal zusammengenäht werden müssten? Halb fertige Modelle, die man gelegentlich zusammenkleben sollte? Auch diese angefangenen Dinge belasten Sie! Hier haben Sie zwei Möglichkeiten: vollenden oder vernichten.

Falls Sie mit einem neuen Hobby liebäugeln sollten, beseitigen Sie also zuerst die Spuren eines alten Hobbys. **Entlasten Sie sich selbst, wo immer Sie können!**

Wem schulden Sie einen Gefallen?

Eine Kategorie zeitraubender Aktivitäten kann, je nach Temperament und Charakter, der »kleine Gefallen« sein. Und im Wort »Gefallen« steckt bereits, worum es hier wirklich geht: Wir tun dies mal wieder um der lieben Anerkennung willen, weil wir anderen gefallen wollen. **Aber die entscheidende Frage ist: »Gefalle ich mir damit auch selbst?«**

Ich könnte damit meine gesamte freie Zeit verbringen. Viele meiner Bekannten und Freunde bauen neu, richten sich neu ein und wollen nur mal schnell wissen, wie ich die Küche einrichten würde oder ob mir was einfällt zur optimalen Beleuchtung ihrer neuen Räumlichkeiten. Früher habe ich mich geehrt gefühlt, wenn ich um Rat gefragt und mein Wissen somit wertgeschätzt wurde. Auch heute helfe ich nach wie vor gern, aber nur nach meinem eigenen Maßstab: Dieser kleine Gefallen darf mich nicht mehr als zehn Minuten beanspruchen. Handwerker, Ärzte, Rechtsanwälte, Steuerberater wissen, wovon ich rede: Wenn man über Können oder Wissen verfügt, das viele gebrauchen können, hat man viele Freunde!

Die Lösung: Selbstbestimmte Zeit

Falls Sie unter chronischem Zeitmangel leiden, sich fremdbestimmt oder als Opfer Ihrer Aktivitäten fühlen, sollten Sie Ihre Zeit selbst in die Hand nehmen!

- Bestimmen Sie die Art und den Umfang Ihrer Aktivitäten selbst.
- Laden Sie sich weniger auf.
- Lassen Sie Altes los: Verabschieden Sie sich beispielsweise von einem ungeliebten Hobby.
- Fragen Sie sich bei jedem neu auftauchenden Termin: Muss der unbedingt sein?
- Lassen Sie auf keinen Fall zu, dass andere über Ihre Zeit verfügen und sie verplanen.
- Enttarnen Sie Zeiträuber, egal ob menschlicher oder organisatorischer Natur, und meiden Sie sie.
- Überlegen Sie bei jedem Gefallen bewusst, ob Sie ihn auch gern tun möchten.

- Nehmen Sie Pausen in Ihren Terminkalender auf. Sehen Sie in Ihrer Planung auch freie Tage und freie Abende vor, ohne alle Termine. So lassen Sie Raum in Ihrem Leben für spontane Unternehmungen.
- Betrachten Sie jeden Stau, jede kleine Wartezeit als Zeitgeschenk und Erholungspause.
- Genießen Sie den Augenblick.
- Verteidigen Sie Ihre selbstbestimmte Zeit wie eine Löwin ihre Jungen.
- Sagen Sie nicht vorschnell zu, sondern erbitten Sie bei allen Anfragen, die Ihr Zeitbudget belasten, eine kleine Bedenkzeit.
- Schätzen Sie den Zeitbedarf für Aufgaben und Aktivitäten realistisch ein. Oft müssen wir die geplante selbstbestimmte Zeit opfern, weil etwas viel länger dauert als gedacht.

Lass die Perfektion los!

Wenn wir uns Werbung anschauen, wird uns eine scheinbar perfekte Welt mit perfekten Menschen um uns herum vorgespiegelt: Perfekte, glückliche Mütter schaukeln in ihren Armen ihre perfekten Kinder – an ihrer Seite der perfekte Mann. Nur Sie selbst scheinen von dieser Perfektion Lichtjahre entfernt zu sein. Also arbeiten Sie an sich selbst, um dem Bild eines perfekten Men-schen zu entsprechen. Als Frau wollen wir die liebevoll sorgende Mutter sein, ebenso aber auch eine attraktive Frau, die von Männern begehrt wird. Gleichzeitig die sexy Liebhaberin des eigenen Mannes und im Beruf die perfekte Karrierefrau. Dieser hohe Anspruch an sich selbst ist überaus anstrengend. Fehler sind hier nicht erlaubt und schon gar nicht erwünscht, und so kämpfen wir bis zur Erschöpfung. Die deutsche Qualitätsnorm schlägt bis in die intimsten Bereiche des Lebens durch: Wir sind gründlich, pünktlich, effektiv und einfach nur gut! Perfektion ist Teil unserer deutschen Kultur und Wirtschaftsfaktor zugleich.

In anderen Kulturen ist man dem Menschen gegenüber nachsichtiger: Wissen Sie, warum persische Teppichknüpfer absichtlich Fehler in die Muster der Teppich, einarbeiten? Weil der Mensch nicht anmaßend sein soll und nur einer perfekt sein darf: Allah allein!

Übertriebene Ansprüche

Perfektion ist nicht nur eine wirtschaftliche, sondern auch eine soziale Norm. Wir versuchen unser Bestes zu geben, egal ob wir unsere Freunde zum Essen einladen oder unserer Arbeit nachgehen, unsere Wohnung putzen oder den Garten bestellen. **Perfektionismus ist eine Haltung, die Ihnen nur das Leben erschwert.** Schlimm wird es, wenn wir diesen Maßstab nicht nur an uns

Die »Keiner-liebt-mich-Falle«

Hinter dem Drang perfekt zu sein, kann auch das Gefühl liegen, ohne Perfektion von keinem geliebt zu werden. In einer Welt, in der die ästhetische Norm die der Perfektion ist, entstehen leicht Selbstzweifel, und das Selbstbewusstsein leidet. Von dieser Tatsache profitieren die Schönheits- und Pharmaindustrie sowie die ästhetische Chirurgie. Wenn wir uns selbst äußerlich nicht als perfekt wahrnehmen, wollen wir zumindest perfekt funktionieren, alles richtig machen. Nur so haben wir es scheinbar verdient, geliebt zu werden. Aber auch die Werbung versucht, uns mit jedem Produkt Liebe zu verkaufen. Tappen Sie nicht in solche, mitunter teure Fallen! Seien Sie selbstbewusster! Sie sind liebenswert ganz ohne Schnickschnack – so wie Sie sind!

selbst, sondern auch an unsere Mitmenschen und unsere Umgebung anlegen: Ein Bonbonpapier auf dem Gehweg kann uns schon ungemein stören, und die Nichtperfektion anderer kann uns aufregen. Denn was wir selbst zu geben und zu leisten bereit sind, erwarten wir auch von anderen. Dadurch sinkt die Toleranz! Wenn das Essen im Restaurant nicht ganz so war, wie wir erwartet haben, ärgern wir uns und beschweren uns. Wie viele Gerichtsprozesse werden geführt, da die Urlaubsorte im Ausland nicht unseren Ansprüchen genügen? **Wie viel glücklicher könnten wir leben, wenn wir uns selbst und anderen gegenüber nicht diese hohen Erwartungen hätten!**

Ansprüche gegenüber unseren Mitmenschen reduzieren

Wir sind schnell dabei, wenn es darum geht, andere Menschen zu beurteilen. Und die Messlatte, die wir bei ihnen anlegen, sind wir selbst.

Wir messen sie an unserem eigenen Können, an unserem eigenen Wissen und an unseren eigenen Ansprüchen, die wir nicht mal selbst erfüllen können! Wenn man selbst seine Freunde gerne zum Essen einlädt und groß für sie aufkocht, ist man schnell enttäuscht, wenn es bei der Gegeneinladung dann nur Bier und Schnittchen gibt. Wenn wir ihnen große Geschenke machen, werden die Geschenke, die wir erhalten, auch daran gemessen. So sind wir schnell von Freunden enttäuscht, die nicht das für uns tun, was wir für sie tun würden. Oft vergessen wir, dass unser Gegenüber vielleicht nicht über die finanziellen oder handwerklichen Fähigkeiten verfügt, die nötig sind, um »uns das Wasser zu reichen«. Auch kann es sein, dass unsere Bekannten einen triftigen Grund haben, uns mal nicht beim Umzug zu helfen, obwohl wir das von ihnen erwarten! **Unerfüllten Erwartungen liegen meist zu hohe Ansprüche zugrunde.** Und dass wir dann enttäuscht sind, bedeutet in

Die »Ich-kann-alles-Falle«

Wer hängt die Messlatte so hoch? Ist es wirklich unsere Umwelt, oder sind wir es doch eher selbst? Ist es eine Folge falsch verstandener Emanzipation, dass wir Frauen denken, alles können zu müssen? Wir können eine Bohrmaschine bedienen und renovieren unsere Wohnungen selbst und wechseln eigenhändig die Reifen. Wir haben uns, nicht ohne Spaß daran zu haben, viele einstmals typisch männliche Techniken angeeignet. Ohne dass Männer nun umgekehrt das Bedürfnis hatten, in weibliches Terrain, wie Stricken oder Nähen, vorzudringen. Aber was wir anscheinend nicht können, ist jemanden um Hilfe zu bitten. Gestehen Sie sich ein, wenn Sie mal Hilfe von anderen brauchen und nicht alles alleine können! Bitten Sie dann um Hilfe und nehmen Sie diese auch gerne an!

Wirklichkeit, dass wir uns einfach nur selbst getäuscht haben. Denn der andere hat uns nie wirklich etwas versprochen, das er nicht gehalten hat. **Die Täuschung liegt allein in unserer eigenen Wahrnehmung!**

Das perfekte Äußere

Jede Kultur – denken wir an die der alten Griechen – hatte zu jeder Zeit ihr eigenes Schönheitsideal, ihr Bild von äußerer Perfektion. Auch dieses unterliegt Moden. Welche Schönheitsideale unser modernes Leben bestimmen, sieht man in den Medien: Makellose Haut, große Augen, volle Lippen, langes, gesundes Haar, eine weiblich geformte, aber fettfreie Figur. Bei Männern kommen zum Idealbild auch noch die definierten Bauchmuskeln hinzu. So entsteht eine »Norm«, die durch stille Übereinkunft als »schön« und somit erstrebenswert definiert und auch gesellschaftlich akzeptiert wird.

Der Mensch sucht sich Vorbilder und richtet sein Streben nach Perfektion an ihnen aus. Wer versucht, diesem Idealbild näher zu kommen und sich die vermeintlich überflüssigen Kilos herunterhungert, begibt sich nicht selten in Gefahr. Das kann krankhafte Züge annehmen, kann sogar zum Tode führen, wie das Beispiel Magersucht zeigt. Dass die Fotos der perfekten Menschen in den Hochglanzzeitschriften meist digital nachbearbeitet sind, weil auch sie kleine Schönheitsfehler haben, vergessen die meisten.

Wer sich dagegen gehen lässt, indem er etwa ein paar Kilos zuviel auf den Rippen hat, auch mal ungeschminkt aus dem Haus geht und sich, und sei es auch nur für einen Tag, der Perfektion entzieht, erweckt den äußeren Anschein, als habe er sich und sein Leben nicht unter Kontrolle! Versuchen Sie mal eine neue Sichtweise: **Betrachten Sie sich doch mal so, wie Sie sind, als perfekt.** Denn wenn wir dieses Streben nach vorgelebter, scheinbarer Perfektion nicht endlich loslassen, werden wir ewig fremdbestimmt und unglücklich sein.

Denn wir versuchen etwas Unmögliches: ein Ideal von unsterblicher Schönheit zu erreichen. Die neuen Götter in diesem aussichtslosen Spiel sind die Schönheitschirurgen. Sie versprechen uns mehr Glück durch weniger körperliche Mäkel. Das alte »Wenn-dann-Spiel« wird gespielt: »Wenn ich eine andere Nase habe, dann bin ich selbstsicherer und somit glücklicher.« Zeigt die Erfahrung dann jedoch, dass darauf kein inneres Glück folgt, geht das Spiel weiter: »Wenn erst einmal der Bauch gestrafft, die Brust vergrößert … ist, dann … irgendwann kommt das Glück.« Was wir dabei übersehen: **Das Glück ist bereits da!** Studien haben gezeigt, dass gut aussehende Menschen nicht zufriedener und glücklicher sind als mittelmäßig aussehende oder gar hässliche. Glück ist eine Einstellung, kommt also von innen; es kann nur bedingt von außen gespeist werden! Also seien Sie mit Ihrem Aussehen zufrieden!

Die Lösung: Ich bin, wie ich bin

Werden Sie sich darüber klar, wer Sie wirklich sind und was Ihnen wirklich gut tut. Wenn Sie zu sich selbst stehen werden Sie sich in Ihrer eigenen Haut sehr viel wohler fühlen und das auch ausstrahlen.

- Seien Sie selbstbewusst und handeln Sie danach.
- Glauben Sie an sich selbst.
- Seien Sie mit sich zufrieden.

Es gibt zwar immer Kleinigkeiten, die man an sich selbst verändern oder optimieren könnte, aber das große Ganze stimmt.

- Kümmern Sie sich nicht mehr darum, was andere von Ihnen denken könnten.
- Putzen Sie nicht, nur um Ihren Gästen zu imponieren.
- Hungern Sie nicht, um anderen besser zu gefallen.
- Sie sind schon heute perfekt, und zwar mit all Ihren Fehlern.

- Bringen Sie sich selbst und Ihren Mitmenschen den gebührenden Respekt entgegen.
- Verändern Sie Ihre Sichtweise. Fragen Sie sich nicht nach Ihren Schwächen! Fragen Sie sich, was Ihnen am besten an Ihnen gefällt.
- Betrachten Sie dabei auch Ihre inneren Werte.
- Sie werden nie mehr schöner und jünger sein als heute!
- Akzeptieren Sie sich völlig.
- Hören Sie auf, Ihre Mitmenschen zu kritisieren und verändern zu wollen. Denn auch die sind einmalig und perfekt, so wie sie sind, mit all ihren Fehlern.
- Stehen Sie zu Ihren Macken.
- Gehen Sie auch mal ohne Make-up und in bequemer Kleidung aus dem Haus. Stehen Sie zu Ihrer natürlichen Schönheit.
- Hinterfragen Sie Ihre Erwartungen: Sind sie realistisch?

Lass die Illusionen ziehen!

»Wenn ich damals nicht schwanger geworden wäre, hätte ich studieren können« oder »Wenn ich nicht zwei kleine Kinder und eine Ehefrau gehabt hätte, hätte ich mich selbstständig machen können«. Wie oft hörte ich in Gesprächen mit verschiedenen Menschen genau die gleichen Sätze! Schon als Kind hatten wir den Reim: »Wenn das Wörtchen ›wenn‹ nicht wär', wär' mein Vater Millionär.« Wie viele Menschen leben in der Vergangenheit im Konjunktiv: »Wenn ich reiche Eltern gehabt hätte, hätte ich studiert«, oder in der Gegenwart im Konjunktiv: »Wenn es nicht regnen würde, ginge ich jetzt spazieren«, oder in der Zukunft: »Wenn mal die Kinder aus dem Haus sind, richte ich mir ein Atelier ein und fange an zu malen«? Aber was vorbei ist, ist vorbei, und was in der Zukunft sein wird, ist noch nicht da.

Wenn wir uns von unseren Illusionen, von all unseren »Wenns« und »Wäre« verabschieden, haben wir jede Menge Kraft für die Realität. Anstatt sich darüber Gedanken zu machen, was man mit einem eventuellen Lottogewinn so alles anfangen würde, könnte man sich fragen, wie man mit den schon vorhandenen Mitteln das größtmögliche Glück erreichen könnte. Denn das ist doch das, was man sich von einem Lottogewinn erträumt: Die Erfüllung aller materiellen Wünsche und ein daraus resultierendes Glücksgefühl. Dass die Erfahrung zeigt, dass für die meisten Lottogewinne gilt: »Wie gewonnen, so zerronnen«, beeinflusst unseren Glauben wenig. Wir hängen lieber einer Illusion nach, statt uns zu fragen, was wir unter wahrem Glück verstehen. Vielleicht könnten wir den ersten Schritt dahin auch ohne eine Million Euro tun?

Hören Sie sich doch mal bewusst an, was Sie so von sich geben. Was sind die »Hätte-könnte-sollte-Sätze« in Ihrem Leben? Wann bauen Sie sich Luftschlösser oder träumen vom Glück? Wann sind Sie nicht geerdet? **Sie befinden sich nicht im Hier und Jetzt, wenn Sie dazu neigen, im Konjunktiv zu denken oder zu reden.** »Wenn es nicht so heiß wäre, könnte ich mich viel besser konzentrieren.« »Wenn es nicht so kalt wäre, würde ich lieber am Schreibtisch sitzen.« Immer verschieben wir unser Glück auf ein andermal, auf den Sommer, auf den Winter, auf den nächsten Partner, auf den möglichen Lottogewinn. Zeit, das zu ändern!

Ich lebe meine Träume!

Es gibt Leute, die nicht ihre Träume leben, sondern ihr Leben träumen. Zählen Sie auch dazu? »Ich würde ja gerne nach Mallorca ziehen und dort arbeiten« ist so ein Traum von einer Frau um die 40. Sie selbst sorgt dafür, dass der Traum nicht Realität wird, denn dann hätte sie vielleicht kein Gesprächsthema mehr. Wenn man wirklich auf Mallorca arbeiten möchte, muss man von der Traumebene auf die Handlungsebene gelangen. Das heißt, man schaut sich nach möglichen Jobs um, bewirbt sich und zieht dann hin. Den ersten Schritt könnte sie schon mal tun, indem sie Spanisch lernt. Aber ohne das bleibt der Traum ein Traum und hat vielleicht nur die Funktion, ihr ein Hintertürchen aufzuhalten. Denn etwas Konkretes hat sie bis heute nicht unternommen.

Aber diejenigen, die im Konjunktiv verharren, haben selten die Erdung, die sie zur konkreten Handlung befähigen würde. Erdung bedeutet, die Situation realistisch einzuschätzen und konkret die Schritte zu planen, die zum Ziel führen. Ich wollte mir nach meinem Erststudium gerne meinen Traum erfüllen und Design studieren. Davor stand jedoch die Hürde einer schwierigen Aufnahmeprüfung. Meinen Traum behielt ich für mich, nur mein Mann wurde darüber informiert. Ich bewarb mich, absolvierte die Prüfung und bestand sie. Vielleicht bin ich etwas abergläubisch, wenn ich meine, dass man erst

dann über etwas reden sollte, wenn alles in trockenen Tüchern ist. Also Schluss mit dem Reden, handeln Sie! Gehen Sie den ersten Schritt in Richtung Traumerfüllung! Aus dem ersten Schritt entwickelt sich dann der zweite – und ein Weg entsteht!

Bleiben Sie im eigenen Leben

Ein beliebtes Spiel des Konjunktivs ist es auch, sich ungefragt ins Leben anderer Menschen einzumischen und alles besser zu wissen. »Wenn ich seine Kohle hätte, würde ich …« oder »Mit ihrer Ausbildung könnte sie doch locker …!« Wie ein beliebtes Gesellschaftsspiel wird es gerne gespielt. Dabei haben wir doch wirklich alle genug mit unserem eigenen Leben zu tun. Da müssen wir nicht auch noch überlegen, wie man handeln würde, wenn man an eines anderen Stelle wäre. Doch das machen wir sehr gerne: Wir versuchen die Probleme anderer zu lösen und die Gedanken anderer zu denken.

Wir können uns durchaus für unser Leben andere zum Vorbild nehmen, müssen aber in jedem Fall unseren eigenen Weg gehen. »So sein wie …«, das kann Ansporn und Orientierung sein, wenn man sich seiner eigenen Wünsche und Fähigkeiten bewusst ist. Ebenso funktionieren negative Vorbilder, etwas nach dem Motto: »So möchte ich bestimmt nie sein.« Vervollständigen Sie die Sätze: »Ich wäre gern wie … Dann würde ich … Und dann wäre ich …«. Wenn Sie zum Beispiel gerne wie die Sängerin Madonna wären und dann glauben, dass Sie reich und in der Folge auch glücklich wären, dann drehen Sie die Reihenfolge doch einmal um! Wie fühlt es sich an, glücklich zu sein? Und wie kommen Sie aus Ihrer momentanen Situation in diesen wünschenswerten Zustand? Ohne Madonna zu sein, ohne über ihre Millionen zu verfügen. Denn das ist das größte Missverständnis überhaupt: dass Geld glücklich macht!

 Die »Du-kannst-alles-erreichen-Falle«

Wir scheinen unendlich viele Optionen zu haben: Wir können Superstar genauso werden wie Arbeitsloser, Lottomillionär genauso wie Obdachloser. Es scheint, als könnten wir unser Schicksal frei wählen. Aber dabei übersehen wir oft, dass wir uns allein aufgrund unserer Ausbildung, unserer Herkunft oder unserer Motivation doch innerhalb eines sehr eng abgesteckten Rahmens bewegen. Aber die Illusion, alles erreichen zu können, erhalten wir uns aufrecht. Dadurch können wir jeden Tag von neuem Luftschlösser bauen, in denen wir mit viel Geld gesegnet sind und uns die Welt zu Füßen liegt. Was dazu führen kann, dass wir unser reales Leben nicht mehr als solches akzeptieren und nicht das wertschätzen, was wir haben, sondern von dem träumen, was noch kommen könnte!

Ich entscheide mich

Sichten Sie Ihre Möglichkeiten, bewerten Sie sie realistisch und entscheiden Sie sich dann. »Popstar« ist eine Berufsoption, die man schon ab dem mittleren Lebensalter abhaken kann. In jungen Jahren kann der Wunschtraum, Popstar zu sein, noch Realität werden. Man muss es nur tun und den ersten Schritt gehen. Alles hat im Leben seinen Preis. In diesem Fall heißt das Unterricht nehmen, Zeit und Geld opfern und hart an sich arbeiten.

Was Entscheidungen erschwert, sind die schier zahllosen Möglichkeiten. Bei diesen vielen Optionen ist es besonders wichtig, dass Sie sich selbst und Ihre Talente ganz genau kennen. **Die richtige Entscheidung ist für Sie die, die mit einem guten Gefühl einhergeht und deren Konsequenzen anzunehmen Sie auch bereit sind.** Um von der Entscheidung zur Realisation zu kommen, ist es nötig, konkret zu handeln. »Ich mache« lautet hier die Devise – Schritt für Schritt.

»Ich nehme Unterricht, ich schließe mich einer Band an, ich bewerbe mich an einer Schule.« Gerade für Menschen, die gerne in Tagträumen stecken bleiben, ist es wichtig, den ersten Schritt möglichst bald zu gehen. **Die 72-Stunden-Regel zeigt, dass man sein Vorhaben innerhalb der nächsten 72 Stunden anfangen sollte.** Sie wollen eine neue Sprache lernen? Dann melden Sie sich noch heute zu einem Kurs an. Je länger man den ersten Schritt hinauszögert, desto unwahrscheinlicher wird die Verwirklichung.

Die Vielfalt unserer Entscheidungsmöglichkeiten verwirrt uns mehr, als sie uns beruhigt. Versuchen Sie sich vorzustellen: Angenommen, ich würde die Entscheidung A treffen, was würde sich dann in meinem Leben verändern? Und angenommen ich würde die Entscheidung B treffen, was hätte das für Konsequenzen? Welche Variante würde mir im Endeffekt besser gefallen? Sehr hilfreich ist es, sich ein zeitliches Limit zu setzen.

Die Lösung: Die Illusion verwirklichen

Machen Sie sich bewusst, ob Sie den Schritt aus der Illusion hinaus in die Realität wirklich wagen wollen. Dann ergibt sich das »Wie« von selbst. Falls Sie ihn nicht realisieren können, lassen Sie los.

● Welchen Lebenstraum haben Sie? Und wollen Sie ihn auch verwirklichen?

● Halten Sie ihn schriftlich fest. Formulieren Sie ihn so lange um, bis er für Sie stimmig ist.

● Könnten Sie ihn verwirklichen? Erfüllen Sie die Vorbedingungen, verfügen Sie auch über den nötigen finanziellen Rückhalt?

● Geht das in Ihrem Alter?

● Geht das mit Ihren Mitteln?

● Sind Sie bereit, für Ihren Traum Opfer zu bringen?

● Würde Ihre Familie oder Ihr Partner Sie dabei unterstützen? Besprechen Sie Ihr Vorhaben mit Ihrem Partner, aber treffen Sie die Entscheidung alleine.

● Glauben Sie an sich selbst? Werden Sie sich darüber klar, aus welchem Antrieb heraus Sie diesen Schritt gehen wollen und ob Ihre Motivation auch bei auftretenden Schwierigkeiten ausreicht.

● Wenn Ihr Traum einfach unerreichbar ist, was könnte Ihrem Traum wenigstens nahekommen? Wenn Sie schon nicht selbst zum Film gehen können, vielleicht könnten Sie im Büro einer Filmproduktionsfirma arbeiten?

● Wie könnte der erste Schritt zur Traumerfüllung aussehen? Der kann klitzeklein sein: Informationen einholen, Gespräche vereinbaren) …

● Gehen Sie den ersten Schritt raus aus der Illusion, rein in die Realität – innerhalb der nächsten 72 Stunden!

Lass die Nerven-sägen los!

Was schätzen Sie? Mit wie vielen Menschen haben Sie Kontakt? Angefangen von der Familie über Freunde, Bekannte und Kollegen bishin zu Kunden und Nachbarn? Sind es weniger als hundert? Oder aber mehr als drei- oder gar über fünfhundert Menschen? Schätzen Sie mal grob. Ob Sie es glauben oder nicht, allein beim nächsten Familientreffen stoße ich selbst wieder auf 130 Verwandte. Auch andere Kontakte haben die meisten von uns zu viele. Zu viele Bekanntschaften, Kunden und Kollegen – Menschen, die etwas von uns wollen. Manchmal macht es schon gar keinen Spaß mehr, sich zu verabreden, weil man überfordert ist durch das Zuviel. Immer hat jemand Geburtstag, zieht um, lädt ein. **Wie schade, wenn das, was unser Leben am meisten bereichert – die Mitmenschen – zur Belastung wird!**

Wenn Ihnen die Menge Ihrer Kontakte über den Kopf wächst, gilt es auch in diesem Lebensbereich Bilanz zu ziehen: Wer ist Ihnen denn wirklich wichtig? Und wer drängt sich in Ihr Leben, ohne dass Sie das wollen? Wer raubt Ihnen Zeit und Energie? Wer ist für Sie wirklich wertvoll?

Beziehungen verändern sich

Das Leben ist ständiger Wandel, und auch menschliche Kontakte unterliegen der Veränderung. Nach einem Umzug kann man zu seinen alten Freunden und Bekannten den Kontakt nicht in der gleichen Intensität wie vorher aufrechterhalten. Manche Kontakte bleiben bestehen, andere enden. Am neuen Wohnort werden neue Freundschaften geschlossen, und dafür können alte Bekanntschaften auf der Strecke bleiben. So hart das klingt, es ist der Wandel der Zeit. Und auch hier gilt die Regel, dass mit jedem Neuen, das in unser Leben tritt, etwas Altes gehen muss! Wir sind nicht unendlich belastbar, und unsere Zeit ist begrenzt.

Wer stärkt und wer schwächt mich?

Es gibt Menschen, die tun uns einfach absolut gut. Wir suchen ihre Nähe, reden gerne mit ihnen und haben nach der Begegnung ein wohliges Gefühl. Das sollte die Regel sein. Es gibt aber auch die Kontakte, die uns anstrengen. Vielleicht weil wir als Deponie für die Sorgen des anderen dienen, weil wir uns ständig ausgenutzt fühlen?
Fast jeder von uns kennt jemanden, der sich immer nur meldet, wenn er gerade etwas braucht. Keine Frage, dass man Freunden gerne hilft! Aber wenn die Bilanz zwischen Geben und Nehmen sich im Laufe der Zeit nicht ausgleicht, fühlen wir uns ausgenützt. Wer kennt nicht die Freundinnen, mit denen man am Telefon stundenlang ihre Probleme bespricht, denen man Ratschläge gibt und die dann doch nichts an ihrem Leben ändern?

Wenn Sie das nervt, Sie sich erschlagen und ausgepowert fühlen, sagen Sie »Stopp!«.

Werden Sie sich zunächst klar darüber, dass Sie nicht dazu da sind, als Müllhalde für die Probleme anderer zu dienen. Setzen Sie sich selbst ein Zeitbudget, im Rahmen dessen Sie bereit sind, für andere da zu sein und anderen zuzuhören, beispielsweise eine halbe Stunde pro Abend. Wenn dann wieder mal so ein Anruf kommt, dann wappnen Sie sich gut. Tun Sie bereits ganz zu Beginn des Gesprächs kund: »Ich habe leider nur eine halbe Stunde Zeit für dich, mehr nicht.«, und beenden Sie nach dieser Zeit das Gespräch nett und freundlich, indem Sie sich verabschieden und auflegen. Wenn Ihr Gegenüber nicht die Sensibilität besitzt, von sich aus aufzuhören, müssen Sie eben etwas deutlicher werden. Lassen Sie es nicht zu, dass

Die »Ich-will-geliebt-werden-Falle«

Wir leben in der Polarität, auch in unserer Gefühlswelt. Dazu gehören Sympathie genauso wie Antipathie. Wobei wir ersteres besser aushalten als das zweite. Daher umgeben wir uns natürlich lieber mit Menschen, die uns bestätigen, als mit denjenigen, die uns kritisieren. Obwohl auf Dauer Kritik ein besserer »Dünger« für das eigene Wachstum ist als ständiges Lob. Jeder Mensch sucht jedoch Bestätigung von außen, und so bringt man oft für ein kleines bisschen Anerkennung große Opfer. Wie viele Beziehungen sind nur noch eine Illusion von Liebe? Wie viel Missachtung hält man oft aus, nur aus dem Gefühl heraus, dass doch noch Liebe vorhanden ist! Darum prüfen Sie Ihre Beziehungen! Werden Sie wirklich geliebt oder warten Sie seit Jahren darauf? Was tun Sie alles, um sich diese Illusion, geliebt zu werden, aufrechterhalten zu können?

Die »Ich-will-es-doch-allen-recht-machen-Falle«

Wer es allen recht machen will, jagt hinter einem unerreichbaren Ziel her. Und er scheut Konflikte. Vielleicht haben Sie als Kind gelernt, dass Sie nur dann geliebt werden, wenn Sie sich brav und angepasst verhalten und sich dadurch bei Ihren Eltern beliebt machen? Dann haben Sie in sich den Grundsatz verankert: »Wenn ich das mache, was man von mir erwartet, geht es den anderen gut, sie sind zufrieden mit mir, und ich werde gelobt und gemocht.« Dieser Druck ist besonders groß, wenn man in einem Dienstleistungsberuf arbeitet und bemüht sein muss, es seinen Kunden recht zu machen. Umso wichtiger ist es dann, im privaten Leben so zu leben, dass man es sich selbst recht macht und auf seine eigenen Bedürfnisse ausreichend achtet. Denn nur wer gut für sich selbst sorgt, kann langfristig auch gut für andere sorgen!

andere Menschen Ihnen Ihre Kraft rauben! Denn immer wenn Sie sich schlecht fühlen, ein schlechtes Gewissen haben oder ausgepowert sind, stimmt die energetische Bilanz nicht. **Im Idealfall einer ausgeglichenen Kommunikation und eines Gleichgewichts des Gebens und Nehmens können die Energien in beide Richtungen fließen.** Sie fließen im Kreis. Befriedigt und glücklich beendet man in diesem Fall das Gespräch.

Wenn Neues kommt, muss Altes gehen

Beziehungsfasten ist ein ganz normaler Prozess des Wandels. Manche Menschen begleiten uns nur eine bestimmte Zeit. Manche verlassen uns zwischendurch und stoßen dann wieder zu uns. Andere sind für immer verloren. Wir können nicht mit allen »gut Freund« sein. Aber wir können unsere Freunde hegen und pflegen.

Und wir müssen uns darüber im Klaren sein, dass für jeden neuen Menschen, der in unser Leben tritt, ein anderer etwas weniger von unserer Aufmerksamkeit erhalten kann. Sonst sind wir schnell überfordert. Sie lernen im Urlaub jemanden kennen, der Ihnen sehr sympathisch ist? Sind Sie sicher, dass diese Beziehung auch über den Urlaub hinaus eine Bereicherung sein wird? Dann nehmen Sie ihn mit in Ihr Leben, seien Sie sich aber bewusst, dass dafür eine andere Person aus Ihrem Freundeskreis zurückstecken muss oder aus Ihrem Leben treten wird.

Anders sieht es mit losen Bekanntschaften aus, mit potenziellen Kunden, mit Menschen, die sich eher am Rand unserer Kontakte bewegen, die nicht drin und nicht draußen sind. Wägen Sie gründlich ab: Lohnt es sich, mit diesen Menschen seine Zeit zu verbringen, sich einen Abend um die Ohren zu schlagen, wo doch zu Hause Ihr Partner auf Sie wartet, mit dem Sie vielleicht sowieso schon viel zu wenig Zeit verbringen?

Virtuelle Beziehungen

Die neuen Medien – vor allem das Internet – ermöglichen eine neue Art der Kontaktaufnahme. Denn im virtuellen Raum entstehen virtuelle Beziehungen. Ob man seinen Freundeskreis erweitern will oder einen Lebenspartner sucht: Das Angebot ist riesengroß. Um das Angebot zu sichten und in Kontakt zu treten, muss man sehr viel Zeit investieren. Und diese Zeit fehlt dann für reale Begegnungen. Was Ihnen wichtiger ist, müssen Sie selbst entscheiden. Im Internet entstehen Freundschaften und Partnerschaften fürs Leben, hier lauern aber auch Zeiträuber und falsche Identitäten. Begrenzen Sie Ihre Zeit im virtuellen Raum und lassen Sie diese Ausflüge nicht zu Lasten Ihrer realen Kontakte gehen. Viele Menschen, die Abend für Abend chatten und mailen, betreiben das alles nur als ein Spiel, mit dem sie ihren Marktwert testen, und nicht, wie beispielsweise Sie, um echte Freundschaften zu finden.

Die Lösung: Beziehungen pflegen

Machen Sie sich bewusst, welche Menschen Ihr Leben bereichern, Ihnen am Herzen liegen und zur Seite stehen. Pflegen Sie bewusst diese Beziehungen. Alle anderen dürfen Sie loslassen!

- Entlassen Sie diejenigen Ihrer Bekannten aus Ihrem Leben, die Sie zu viel Kraft kosten.
- Bevor Sie Ihre wenige freie Zeit mit Wildfremden, Kunden oder Kollegen verbringen, besinnen Sie sich auf Ihre wirklichen (Freundschafts-)Schätze.
- Nehmen Sie sich stattdessen Zeit für die wichtigsten Menschen in Ihrem Leben.
- Nehmen Sie sich regelmäßig Zeit für gemeinsame Mahlzeiten mit Ihren Lieben.
- Treffen Sie sich mit Ihrem Mann oder Ihrer Frau nachmittags auf eine Tasse Kaffee.

- Auch kleine Zeiteinheiten können wertvoll sein.
- Denken Sie nicht nur in großen Einheiten wie Urlaub und Wochenende, damit überfordern Sie sich nur selbst.
- Schon ein netter Telefonanruf oder eine kleine SMS können Verbindungen ohne großen Zeitaufwand aufrechterhalten.
- Wenn die Kommunikation erst einmal abbricht, ist es schwer, den Anschluss wieder zu finden.
- Freundschaften, auch zu Ihren Kindern, brauchen Zeit und/oder Aufmerksamkeit.
- Der andere will spüren, dass Sie ab und zu an ihn denken, ihn vermissen und sehen möchten.
- Wenn es Ihnen schwerfällt, sich Ihren Freunden zu widmen und die Kontakte, die Ihnen wichtig sind, aufrechtzuerhalten, planen Sie feste Zeiten dafür ein.

Verabschiede dich vom Angsthasen in dir!

Ängste sind an sich etwas Nützliches: Sie sollen uns vor realen Gefahren schützen, unsere Wachsamkeit erhöhen und die Flucht veranlassen. Begegnete unseren Ahnen in grauer Vorzeit ein Raubtier, meldete ihr Gehirn »Gefahr« und ließ Adrenalin ausschütten. Der Körper reagierte mit Flucht. Durch die Bewegung des Weglaufens wurde das Adrenalin wieder abgebaut. Gefahrensituationen, in denen Flucht lebenswichtig ist, sind heute relativ selten geworden. Die Situationen, in denen wir mit Angst reagieren, nehmen andere Formen an: Angst, vor einer großen Gruppe zu sprechen, Prüfungsangst, Versagensangst, Bindungsangst, Angst vor Arbeitslosigkeit, Angst vor Krankheiten, vor Insekten und Bakterien, vor einer Grippeepidemie oder der Wirtschaftskrise. Die Angst vor der Angst verselbstständigt sich.

Und nicht zu vergessen all unsere kleinen alltäglichen Sorgen: den Bus zu verpassen, zu wenig eingekauft zu haben. **Stellen Sie sich Ihre Angst doch mal als ein Tier vor, sagen wir als einen kleinen Hasen.** Relativiert sie sich dann nicht sofort?

Die Angst ganz nah rankommen lassen

Panikattacken, das heißt plötzlich und scheinbar grundlos auftretende Angstsituationen, sind eine Zivilisationskrankheit. Bei ruhiger Fahrt auf einer schnurgeraden Autobahn können sie ebenso auftreten wie in der U-Bahn oder beim Überqueren großer Plätze. Angstschweiß bricht aus, das Herz rast, als wäre es kurz vor einem Infarkt, und man hyperventiliert. Der Mensch gerät in eine für ihn reale Panik. Es kommt zu einer Angst vor der Angst, und diese kann das Leben der Betroffenen derart einengen, dass manche sich nicht mehr aus dem Haus trauen. In dieser Situation sollte man sich unbedingt therapeutische Hilfe holen. Schlimm genug, dass man in bestimmten Situationen zum Angsthasen wird und dadurch sozial »behindert« ist. Wenn sich diese Angst aber verdoppelt, weil man ständig Angst vor der eventuellen Panikattacke hat, wird das Leben zum Albtraum. Hierbei gelassen zu bleiben erfordert viel Kraft. Aber eines hilft: Die Einsicht, dass man immer noch ausreichend Zeit hat, dann mit Angst zu reagieren, wenn es wirklich nötig wird. **Lassen Sie die Angst ganz dicht an sich rankommen und visualisieren Sie Ihre Angst als niedlichen Hasen, der vor Ihnen flieht!** Wenn wirklich der Hai vor mir auftaucht, kann ich immer noch mit Angst reagieren. Aber ich muss mir nicht meinen gesamten Tauchgang von dieser Angst verderben lassen. Und falls ich meinen Tauchgang aufgrund meiner Angst nicht genießen kann, muss ich mich fragen, ob das wirklich der richtige Sport für mich ist. Wer Höhenangst hat, muss ja auch nicht die Eigernordwand besteigen.

Angst bedeutet Kontrollverlust

Auch vermeintlich harmlose Ängste können einem das Leben schwer machen: Wer sich vor Insekten fürchtet, kann nicht ins Grüne, geschweige denn an einem Picknick teilnehmen. Wer Flugangst hat, muss auf Fernreisen so gut wie komplett verzichten. Diesen beiden Ängsten ist gemein, dass ihnen ein Kontrollverlust zugrunde liegt: Denn in meinen eigenen vier Wänden kann ich dafür sorgen, dass dort keine Insekten herumkrabbeln. Ich kann Fallen aufstellen und Gift versprühen. Aber außerhalb meines Machtbereichs oder draußen in der Natur muss ich die Kontrolle abgeben, und das fällt den meisten von uns schwer. Wer ein schlechter Beifahrer ist, selbst aber gern und gut Auto fährt, hat ein ganz ähnliches Problem wie jemand mit Flugangst. Denn wer nicht selbst am Lenkrad oder Steuerknüppel sitzt, hat keine Kontrolle. Und wenn man seine Kontrolle aufgibt, legt man

sein Schicksal in die Hände anderer. Therapien gegen Flugangst beginnen damit, dass der Passagier Vertrauen zum Piloten entwickelt.

Vertrauen lernen wir in frühester Kindheit. Wenn wir Hunger hatten, schrien wir und wurden gefüttert. **Wer erfahren hat, dass seine Bedürfnisse befriedigt werden, hat das sogenannte Urvertrauen in sich verankert.** Dies ist eine gute Grundlage, um auch später seinem Partner zu vertrauen, dass dieser auf Dauer bei einem bleibt, oder auch einem anderen Menschen, der einen von A nach B fliegt. Wem dieses Vertrauen fehlt, der wird erst durch lange Lernprozesse an den Punkt kommen, an dem er Vertrauen aufbauen kann.

Sich die Angst abgewöhnen

Ängste basieren nicht zwangsläufig auf schlechten Erfahrungen. Wer als Kind von einem Hund gebissen wurde, kann ganz unterschiedlich reagieren: Er kann für den Rest seines Lebens Angst vor Hunden haben, oder er kann seine Angst überwinden und Hunde lieben. Die meisten Menschen, die beispielsweise Angst vor Schlangen haben, haben noch nie eine wirkliche Gefahrensituation mit Schlangen erlebt. Anscheinend ist es also nicht die gemachte Erfahrung, die zählt. **Somit können Sie sich auch für oder gegen eine Angst entscheiden.** Versuchen Sie es doch mal mit einer eher kleinen Angst, die Ihnen nicht gerade wahnsinnige Panik macht. In meinem Fall trainiere ich mir gerade meine Spinnen-

angst ab. Ich entscheide mich, sie zunächst nur für einen Abend abzulegen. Ich stelle mir dabei vor, dass ich sie ins Tiefkühlfach gelegt habe. Es ist Spätsommer, und so langsam kommen die Spinnen aus den Ritzen meines aus dem 16. Jahrhundert stammenden Turms. Sie sind mal kleiner und mal größer. Wenn ich eine Spinne normalerweise sehe, könnte ich schreiend davonrennen. Wenn ich sie an den Tagen sehe, an denen ich meinen Angstfastentag habe, schaue ich sie an und mir fällt

Die »Was-kann-nicht-alles-passieren-Falle«

Die wirklich großen Ängste blockieren uns im Alltag weitaus weniger als die ständigen Befürchtungen, was nicht alles passieren könnte. »Wenn ich jetzt die Hundeleine loslassen würde, könnte der Hund auf die Straße rennen und überfahren werden.« Horrorszenarien spielen sich in den Köpfen vieler Menschen tagtäglich ab. Kinder werden überbehütet, weil sich Mütter ausmalen, was alles passieren könnte. Reisen werden nicht angetreten aus den gleichen Überlegungen heraus. Entscheidungen werden verschoben wegen banaler Befürchtungen. Aber was könnte Ihnen denn schlimmstenfalls passieren? Der Himmel könnte Ihnen auf den Kopf fallen? Nicht wirklich! Lassen Sie unbegründete Befüchtungen los!

ein, dass ich ja heute keine Angst habe. Dieses zeitliche Eingrenzen der Angst nimmt mir den Druck, überhaupt keine Angst mehr zu haben. Damit wäre ich überfordert. Aber ich kann sie zulassen, ich kann sie auch ansehen, und denke dabei an mein Tiefkühlfach, in dem heute gerade mal die Angst liegt. Bei mir funktioniert die Methode hervorragend. Falls mir an so einem Angstfastentag mal eine Spinne zu nahe treten sollte, kann ich ja immer noch mit hysterischen Schreien reagieren. Aber ich reagiere erst, wenn sie mir wirklich ganz nahekommt, und mache mich nicht vorher verrückt!

Angst vor dem Tod

Allen Ängsten liegt nur eine einzige wirkliche Angst zugrunde: die Angst vor dem Tod. Jede Angst scheint uns in unserer Existenz zu bedrohen. Adrenalin wird ausgestoßen, der Puls beschleunigt sich, und der Atem stockt. Im Extremfall kann die Angst sogar Herzversagen zur Folge haben.

Den Flug hätte man wahrscheinlich überlebt, aber die Angst hat zum Herztod geführt. Wenn wir uns mit dem Gedanken angefreundet haben, dass wir dem Tod nicht entkommen können, wenn wir die Todesangst also gebannt haben, dann haben wir auch alle anderen Ängste gebannt: Denn dann kann uns wirklich nichts mehr erschrecken. Es gibt Fälle, in denen Menschen schwere Unfälle, Flugzeugabstürze oder Ähnliches überlebt oder einen schweren Schock überstanden haben und infolgedessen gar keine Angst mehr verspüren. Sie haben plötzlich das Gefühl »unsterblich« zu sein.

Ein vernünftiges Maß an Angst hindert uns daran, unser Leben zu riskieren. Soziale Ängste haben aber nichts mit Lebensgefahr zu tun. Sie isolieren uns oder schließen uns von manchen Lebensbereichen aus. Betrachten Sie Ihre Ängste und entscheiden Sie über deren Verbleib: Werden Sie in dem, was Sie gerne tun, behindert? Dann sollten Sie sich Ihren Angsthasen mal vornehmen!

Die Lösung: Den Angsthasen einfangen

Stellen Sie sich täglich von Neuem Ihrer Angst! Schauen Sie sie an! Sie werden sehen: Sie verliert ihre Bedrohlichkeit, denn sie gehört nicht wirklich zu Ihnen. Alles was Sie loslassen wollen, müssen Sie zunächst anschauen.

- Was ich akzeptiere, verliert die Macht über mich.
- Schauen Sie sich Ihre Angst an!
- Schreiben Sie alles, wovor Sie Angst haben, auf eine Liste: »Ich habe Angst vor …«.
- Stellen Sie sich eine Skala zwischen 0 und 10 vor, wobei 10 in etwa »grauenvolle Panik« bedeutet und 0 »gar keine Angst«.
- Wie hoch ist Ihre Angst? Schreiben Sie hinter jede Ihrer Ängste eine dieser Zahlen.
- Was könnte Ihnen helfen, um von Ihrem momentanen Grad eine Stufe herunterzukommen?

- Versuchen Sie Ihre Angst nur mal für einen Tag ruhen zu lassen! Denken Sie einen ganzen Tag lang bewusst nicht an Ihre Angst.
- Suchen Sie sich ein Symbol für jede Ihrer Ängste, in meinem Fall wäre es eine Plastikspinne, und legen Sie diese an einen sicheren Ort.
- Verbannen Sie die Symbole Ihrer Ängste in den Kühlschrank und erinnern Sie sich jedes Mal an sie, wenn die Angst wieder von Ihnen Besitz ergreifen will.
- Beobachten Sie Ihre Reaktion!
- Wenn Sie jetzt wieder die Skala zwischen 0 und 10 anlegen, wie hoch ist Ihre Angst momentan auf dieser Skala?
- Sie werden sehen: Je häufiger Sie sich mit Ihrer Angst konfrontieren, sie also bewusst entmachten, desto kleiner wird sie. Bis sie sich eines Tages ganz auflöst!

Weg mit den Blockaden!

Ähnlich wie Ängste hindern uns Blockaden daran, uns auf unbekanntes Terrain zu begeben. Aber anders als Ängste sind sie völlig sinnlos! Sie sabotieren unsere Entwicklung. Sie können sich auf ganz verschiedene Art darstellen: Mal sind die Saboteure wie innere Stimmen, die uns zuflüstern: »Das kannst du ja eh nicht.« Oder: »In deinem Alter macht man das doch nicht mehr.« Mal sind es kleine Monster, die uns auf der Schulter sitzen und unser Selbstbewusstsein niedermachen. »Wer soll das lesen?«, fragen sie mich, während ich schreibe. Oder man hat das Gefühl, dass neben einem ein dicker Hund liegt, der sich gegen jede Veränderung sträubt. Der sich immer dann meldet, wenn man seine guten Vorsätze umsetzen möchte: »Willst Du etwa bei Regen Joggen gehen? Bleib doch lieber im Bett.«

Das eigene Drehbuch schreiben

Machen Sie zunächst einmal Ihre eigenen Blockaden sichtbar: Woher kommen Ihre blockierenden inneren Überzeugungen wie beispielsweise »Das schaffst du nie und nimmer!«, »Dazu fehlt dir doch die Geduld!«? Versuchen Sie sich genau zu erinnern: Wer hat so etwas, als Sie ein Kind oder in der Schule waren, immer zu Ihnen gesagt? Meist waren es Menschen, die großen Einfluss auf uns hatten. Vielleicht war es die Großmutter, die diesen Satz gern fallen ließ und damit die Weichen gestellt hat. Vielleicht hat sie das nicht mal böse gemeint. Waren es die Eltern oder die Lehrer? Machen Sie sich klar, dass dieser Glaubenssatz wie ein Vorurteil wirkt, das Ihr Leben beeinflusst. Es liegt jedoch in Ihrer Macht, mit diesen Glaubenssätzen aufzuräumen! **Entscheiden Sie sich, ob Sie Ihre Blockaden als solche akzeptieren oder ob Sie sie abschaffen wollen, und handeln Sie dann.**

Ab einem gewissen Alter haben wir es selbst in der Hand, unser Leben zu gestalten und unsere Regeln zu variieren. Wenn Sie sich weiterhin in Ihrem Kinder-Ich aufhalten und sich als Opfer Ihrer Erziehung fühlen, werden Sie auch weiterhin das Opfer sein. Sie können sich jedoch genauso gut entscheiden, jetzt zum »Täter« zu werden, der sein eigenes Leben tatkräftig in die Hand nimmt. **Als erwachsener Mensch haben Sie die Möglichkeit, das Drehbuch zu Ihrem Leben selbst zu schreiben.** Welche Rolle wollen Sie darin einnehmen? Etwa die des armen Opfers, das nichts kann und sich selbst nichts zutraut? Oder doch lieber die des Aktiven, der handelt und sein Leben verändert? Also schreiben Sie Ihre Rolle um! Aus »Das schaffst du nie« wird ein »Ich schaffe das locker!«. Aus »Dir fehlt die Geduld« wird »Ich bin die Geduld in Person«. Schreiben Sie sich die neuen Glaubenssätze am besten auf den Badezimmerspiegel und konfrontieren Sie sich selbst allmorgendlich damit!

Die Monster besänftigen

Identifizieren Sie zunächst Ihre Blockaden und analysieren Sie sie ganz genau. Welches Bild kommt ihnen am nächsten? Sind sie wie kleine, freche Monster, die auf Ihrer Schulter sitzen, vielleicht wie ein Teufelchen? Oder ist es ein dicker, fetter Fleischerhund, der auf Ihrer Schwelle liegt und Sie nicht durchlassen will? In der Mythologie tauchen immer wieder die sogenannten »Schwellenhüter« auf. Riesige Monster, die den Schatz bewachen, Drachen, die es zu töten gilt. **Schwellenhüter liegen auf der Schwelle zwischen dem alten und einem neuen Leben und wollen uns daran hindern, in ein neues Leben einzutreten.** Sie stehen als Sinnbilder für jene Kraft im Leben, die uns vor Veränderung und somit Unsicherheit schützen will.

Und es ist genau diese Kraft, gegen die wir mit aller Anstrengung kämpfen müssen, wenn wir uns verändern wollen. Es ist der Schwellenhüter, der uns ins Ohr flüstert: »Mach dich doch nicht verrückt, du lebst doch nur einmal«, wenn wir versuchen, unsere Ernährung umzustellen und Ungesundes von unserem Speiseplan verbannen wollen.

Diese Stimmen sind in uns, sie kommen nicht von außen, wir erzeugen sie selbst. Also sind auch nur wir in der Lage, sie zu bändigen, niemand kann uns das abnehmen. Wir können ihnen befehlen zu verschwinden! Wir haben die Wahl, ob wir sie anbinden, verjagen oder bändigen wollen. Geben Sie zunächst Ihrem eigenen Schwellenhüter ein Gesicht, eine Form, vielleicht auch einen Namen. Und wenn er kommt, begrüßen Sie ihn zunächst. Wenn die Versuchung mal wieder da ist, zur Zigarette zu greifen, weil eine Stimme Ihnen sagt: »Ach, eine kann ja nicht schaden!«, dann begrüßen Sie Ihren Schwellenhüter mit einem »Hallo, das bist du ja schon wieder. Dir gefällt es nicht, dass ich mit dem Rauchen aufhöre. Ich weiß. Aber ich habe mich entschieden, nicht mehr zu rauchen, also geh nun«.

Saboteure von außen

Welche unter Ihren Mitmenschen haben kein Interesse daran, dass Sie sich verändern und weiterentwickeln? Vielleicht diejenigen, von denen man es am wenigsten erwartet wie beispielsweise Ihr Partner? Denn die Veränderung des Partners beinhaltet immer die Gefahr, dass sich dieser in eine andere Richtung entwickelt und unter Umständen die Beziehung darunter leidet. Im Idealfall entwickeln sich Partner gemeinsam weiter und arbeiten nicht gegeneinander!

So paradox es klingen mag, es sind vor allem die uns liebenden Menschen, die uns vor einer möglichen Enttäuschung bewahren wollen, die nur unser Bestes wollen, die uns nur in ihrer Nähe halten wollen. Geht ein Kind zum Beispiel zum Studium in eine andere Stadt, mag das für Eltern schmerzhafter sein, als wenn das Kind im Ort bleibt und dort eine Lehre macht.

Die »Es-ist-gut-wie-es-ist-Falle«

Der Mensch ist ein Gewohnheitstier und empfindet Veränderungen per se als Bedrohung. Daher redet er sich die Istsituation schön: »Eigentlich hab ich's doch gut.« Das Gewohnte kennt man, damit kann man umgehen, und sei es auch noch so schlecht. Dies ist einer der Gründe, warum manche Frauen ihre prügelnden Männer nicht verlassen. Sie fürchten sich mehr vor der unbekannten Situation als vor ihrem gewalttätigen Mann. Wir alle haben ein genetisches Programm in uns, das neuen Situationen gegenüber ablehnend reagiert und für Bestehendes eintritt. Wenn wir etwas verändern wollen, müssen wir zuerst unser inneres Trägheitsmoment überwinden. Dieses ist beim einen mehr und beim anderen weniger stark ausgebildet, aber immer bezwingbar.

Bricht das Kind mit seinen Plänen auch noch aus der bekannten Welt aus, machen sich die Eltern doppelte Sorgen. Denn was sie nicht kennen, scheuen sie, und sie wollen ihrem geliebten Kind ja einen möglichen Misserfolg ersparen. Sie projizieren ihre Ängste auf das Kind, und schon hat es einen Konflikt. Es möchte sich ungern gegen die Eltern und deren Bedenken stellen, auf der anderen Seite möchte es natürlich auch an seinem Weg festhalten. Sobald Eltern merken, dass man sich diesen Schritt wohlüberlegt und nicht aus einer Laune heraus entschieden hat, kann man meist wieder mit ihrer Unterstützung rechnen.

Es ist wichtig, vor allem bei großen Entscheidungen, sich die Menschen, die einem nahestehen, zu Verbündeten zu machen. Wenn sich ein Ehepartner gegen den Willen des anderen selbstständig macht, wird er in den nächsten Jahren kein sehr angenehmes Leben führen. Wenn er ihn jedoch zu seinem Verbündeten macht, indem er ihn um seine Hilfe bittet, kann er sich seiner liebevollen Unterstützung sicher sein.

Alles ist Energie

Ohne dass wir es merken, benutzen wir manchmal Redewendungen, die uns blockieren. Ein Freund von mir singt: »Guten Morgen liebe Sorgen, seid ihr auch schon alle da«, und dann stehen die Sorgen prompt da. Alles ist Energie! Wenn ich bei jedem Telefonklingeln denke: »Welcher Idiot ruft jetzt schon wieder an?«, muss ich mich nicht wundern, dass Idioten anrufen. **Begeben Sie sich in eine positive Schwingung und vermeiden Sie schlechte Gedanken, die dann ein reales Geschehen nach sich ziehen können.** Vermeiden Sie auch, sich in schlechten Zeiten am allgemeinen Jammern zu beteiligen. Pflegen Sie Ihren Optimismus und denken Sie lieber darüber nach, wie Sie aus dem Tief wieder herauskommen könnten. Das hebt die Schwingung auf die kreative Ebene. Hier werden Ideen geboren und realisiert.

Die Lösung: Den Schweinehund anketten

Eine Blockade, auch bekannt als »der innere Schweinehund«, will uns vor Veränderungen bewahren und im jetzigen Zustand verharren lassen. Um ihn zu »besiegen«, müssen wir ihn zunächst zur Kenntnis nehmen und dressieren.

- Wie sehen Ihre ganz persönlichen Blockaden aus? Haben Sie alte Muster oder Glaubenssätze, die Ihnen nicht mehr entsprechen? Trauen Sie sich selbst zu wenig oder zu viel zu?
- Woher kommen Ihre blockierenden Einstellungen? Aus der eigenen Erfahrung heraus oder von Ansichten, die Ihnen andere übergestülpt haben?
- Schreiben Sie sich Ihre blockierenden Sätze auf.
- Welche davon wären Sie gerne los? Bringen Sie sie in eine Reihenfolge, die stärkste zuerst.

- Suchen Sie sich ein passendes Symbol dafür. Das kann ein Stein sein, den Sie bei Ihrem Spaziergang gefunden haben, das kann eine Figur sein oder auch ein Stofftier. Sie können genauso gut ein Bild davon malen.
- Dressieren und verbannen Sie Ihre Blockade: Sperren Sie das Symbol in eine kleine Schachtel. Verschließen Sie sie. Sie können aber auch einen kleinen Plüschhund mit Halsband und Leine irgendwo als Symbol für den inneren Schweinehund anketten. Binden Sie ihn so an, dass Sie ihm jeden Tag begegnen und sehen, dass er angekettet ist!
- Jedes Mal, wenn die Blockade Ihnen wieder im Weg zu stehen scheint, denken Sie an Ihren angeketteten Schweinehund, der nun definitiv keine Macht mehr über Sie hat!

Strategien
für die Zukunft

STELLEN SIE SICH VOR, SIE HABEN IHR GANZES HAUS ENTRÜMPELT.
Alles ist an seinem Platz, keine Stapel alter Zeitungen liegen mehr herum,
der Tisch ist frei, und der Fußboden sowieso. Wie lange dauert es, ehe wieder
alles zugemüllt ist? Eine Woche oder zwei? Nach meiner Erfahrung verstrei-
chen höchstens vier Wochen – und der Zustand ist wieder genauso wie
vorher. Wenn nicht dauerhafte Strategien entwickelt werden, die das Zuviel
schon im Vorfeld vermeiden.

Und genauso ist es beim mentalen Ballast! Sie haben jetzt Platz in Ihrem
Leben und in Ihrem Gehirn geschaffen. Dieser mentale Freiraum bleibt
nicht bestehen, wenn Sie nicht jeden Tag verhindern, dass wieder »Müll«
in Ihr Leben tritt! An erster Stellte steht daher ein »Bewusstsein« für die
Wichtigkeit mentaler Hygiene.

**Ebenso wie Ernährung auf unseren Körper einwirkt, wirkt alles, was auf
der mentalen Ebene unseren Körper betritt, auf Geist und Seele.** Und wenn
man sich ständig falsch ernährt, wenn man zu viel an Genussgiften und zu
wenig an lebensnotwendigen Stoffen wie Vitaminen und Mineralien zu sich
nimmt, kommt es zu Mangelerscheinungen und Krankheiten. **Ein gesunder
Geist braucht eine gesunde mentale Ernährung.** Dann ist die Voraussetzung
dafür geschaffen, dass wir in unserer Mitte ruhen, Gelassenheit ausstrahlen
und uns im Einklang mit unserer Umgebung fühlen. Über diese positive
Ausstrahlung ziehen wir langfristiges Glück in unser Leben!

Langfristige (Ernährungs-)Umstellung

Nahrungsumstellungen fallen uns immer schwer, da sie an unseren lieb gewonnenen Gewohnheiten rütteln. Dies gilt ebenso für unsere mentale Nahrung. Eingeschliffene Verhaltensweisen sind im menschlichen Gehirn fest betoniert wie vierspurige Autobahnen. Damit müssen neue Gewohnheiten in Konkurrenz treten, die bisher aber erst die Form eines schmalen Fußpfades haben. Bevor man dieses neue, bessere Verhalten speichern und zu einer Gewohnheit werden lassen kann, braucht es erfahrungsgemäß 21 Tage Zeit. Dies gilt für Körper und Geist gleichermaßen. Haben Sie mal versucht, Zucker und Weißbrot von Ihrem Speiseplan zu streichen und stattdessen morgens ein Müsli zu essen? Wenn Sie 21 Tage lang jeden Morgen Ihr Müsli gegessen haben, werden sich Ihr Geist und Ihr Körper daran gewöhnt haben und auch in Zukunft Müsli verlangen und gerne essen.

Was wollen Sie mental nicht mehr zu sich nehmen? Wenn Sie etwas aus Ihrem mentalen Speiseplan streichen, müssen Sie Ihrem Gehirn dafür etwas anderes anbieten. Keine stupiden Vorabendserien mehr? Dann legen Sie sich stattdessen eine interessante DVD ein. Ersetzen Sie Altes durch Neues! Das erfordert zwar anfangs Disziplin und Durchhaltevermögen. Aber Sie werden sehen, dass sich Ihr Geist bald sehr viel gesünder und leichter anfühlt!

Mentale Vitamine

Was uns ernährungstechnisch stärkt, wissen wir: unter anderem Vitamine und Mineralien. Aber was tut uns auf mentaler Ebene gut? **Der Mensch braucht das Eingebundensein in eine Familie oder die Zugehörigkeit zu einer Gruppe, also Vitamin B für Bindung und Beziehung.** Jeder Mensch ist ein soziales Wesen, das wissen muss, wo es hingehört. Jeder von uns braucht Mitmenschen, die uns in unseren Vorhaben unterstützen, die bedingungslos zu uns stehen. Wenn man nicht in einer festen Partnerbeziehung lebt, sind Freundeskreis und Familie umso wichtiger zur Unterstützung.

Ein weiteres wertvolles Vitamin ist das Vitamin A für Anerkennung und Achtung. Wer Ihnen seine Achtung verweigert, schadet Ihnen. Anerkennung erwirbt ein jeder von uns auf seinem Weg, etwa durch Erfolg im Beruf. Wer nicht in der Lage ist, etwas zu leisten, hat ein geringes Selbstwertgefühl. Anerkennung bedeutet für uns Liebe. Selbst zu lieben und bedingungslos von anderen geliebt zu werden, ist das größte Geschenk und auf mentaler Ebene das Allheilmittel.

Der Mensch ist ein spirituelles Wesen und immer auf der Suche nach dem Sinn des eigenen Lebens. Einen Sinn zu erkennen ist deswegen ein ganz entscheidender Faktor für das individuelle Glück.

Unser Körper und unsere Seele brauchen viel Zuwendung. Wie ein jeder von uns seine Seele ernährt, bleibt ihm überlassen und obliegt seinen persönlichen Vorlieben. Ein gutes Buch, Musik und Malerei, gute Gespräche und geistiger Austausch sollten auf jeden Fall auf unserem mentalen Speiseplan stehen. Was Sie darüber hinaus noch für Ihr eigenes, ganz persönliches Glück brauchen, können nur Sie selbst herausfinden.

Was ich in mein Leben lasse

Fragen Sie sich bei allem, was Sie in Ihr Leben lassen:

- Stärkt es meinen Körper?
- Stärkt es meine Seele?
- Stärkt es meinen Geist?

- Schwächt es meinen Körper?
- Schwächt es meine Seele?
- Schwächt es meinen Geist?

Gedankenkontrolle

Gibt es etwas Schwereres, als die eigenen Gedanken zu kontrollieren? Nichtdenken ist so gut wie unmöglich. Manche Gedanken sind wie ein Ohrwurm, den man früh im Radio hört und der einem den ganzen Tag nicht mehr aus dem Kopf geht.

Die Gedanken in Schranken zu verweisen fällt etwas leichter. Ich habe mir beispielsweise das Verbot auferlegt, im Bett an meine Steuererklärung oder an finanzielle Probleme zu denken. Genau wie ich meinen Hunden verbiete, auf mein Bett zu springen, verbiete ich diesen Gedanken, in mein Bett zu kommen, und befehle ihnen: »Runter vom Bett!« Sollte ich es nicht schaffen, die unerwünschten Gedanken aus meinem Bett zu vertreiben, stehe ich auf und denke am Schreibtisch über diese Themen nach.

Wir sind unseren Gedanken und Gefühlen nicht ausgeliefert, sondern Herrscher darüber. Nur mit dieser Einstellung können wir sie überhaupt kontrollieren. Wir können ihnen befehlen: »Nein, jetzt nicht, geh weg!«

Kennen Sie auch die gebetsmühlenartig auftretenden Gedanken, wie »Das schaffe ich nicht«? Vielleicht haben Sie einmal diese Erfahrung gemacht, und jetzt erwarten Sie unbewusst immer wieder das gleiche Geschehen. Stehen Sie sich nicht selbst im Weg, sondern denken und fühlen Sie nur das, was Sie möchten.

Gedanken erzeugen Gefühle

Sie erzeugen mit negativen Gedanken, wie im vorigen Beispiel, in sich ein Gefühl der Hilflosigkeit und der Einsamkeit. Dieses Gefühl wiederum bestätigt Sie in Ihren Gedanken, und es entsteht ein Teufelskreis. Halten Sie an! Sagen Sie sich sofort »Stopp«! Und kehren Sie Ihre Gedanken um. Aus »Das schaffe ich nicht« wird ein »Das schaffe ich doch locker«. Denn Ihre Gedanken und Gefühle erzeugen Ihre Realität!

Dem Geist Ruhe gönnen

Überlegen Sie sich einen Moment lang, was Sie tun würden, wenn man Ihnen täglich eine zusätzliche Stunde Zeit schenken würde. Sicher kommt Ihnen da gleich irgendeine Aktivität in den Sinn. Aber wie wäre es denn mal mit Nichtstun? Die Italiener nennen es »la dolce far niente«, was »süßes Nichtstun« heißt. **Eine der wichtigsten Voraussetzungen zum Glücklichsein ist, dem Geist einfach einmal Ruhe zu gönnen.** Ruhe heißt deshalb in der heutigen Zeit auch Reizentzug. Wir sind umgeben von einer Vielzahl von Lärm- und Bildquellen, die unsere Sinne vernebeln. Plakatwände auf den Straßen bombardieren uns mit Botschaften und Aufforderungen. Musik begleitet unsere Einkäufe und unsere Telefonate. Wenn man noch vor einigen Jahren in einer telefonischen Warteschleife hing, war wenigstens Stille. Heutzutage wird man auch hier unfreiwillig beschallt. Es gibt kaum mehr einen Raum der Ruhe. Aber den brauchen wir, damit sich unser Geist regenerieren kann, damit unsere Sinne zur Ruhe kommen und wir in der Lage sind abzuschalten.

Der Aufenthalt in der Natur ist heilsam. Die Ruhe des Waldes, das Grün der Wiesen, der Geruch des Heus lassen uns regenerieren. Es ist mittlerweile sogar wissenschaftlich nachgewiesen, dass wir dazu nicht erst in ein Flugzeug steigen und uns ans andere Ende der Welt oder in ferne Länder begeben müssen. Halten Sie unterwegs mal auf einem Waldparkplatz an und gehen Sie einige Schritte. Setzen Sie sich auf einen Baumstamm und atmen Sie die Ruhe der Natur ein. Vielleicht zeigen sich dabei Anzeichen von Glück?

Sie sind Herrscher Ihrer Gedanken und Ihrer Gefühle. Schaffen Sie sich daher Ihre eigene Realität.

Erkenntnis braucht Zeit

Selbsterkenntnis ist die Voraussetzung für ein glückliches Leben mit sich selbst. **Wenn Sie sich selbst kennen, mit sich Frieden geschlossen haben und sich selbst lieben, dann ist das die beste Voraussetzung für eine erfüllte Beziehung.**
Wenn ich mich und meine Bedürfnisse kenne, dann kann ich diese auch selbst befriedigen. Wenn ich mich und meine Fähigkeiten und inneren Reichtümer kenne, kann ich meinem Partner gegenübertreten mit dem Gefühl der Fülle und nicht mit einem Gefühl des Mangels. Also sollten wir die Quelle des Glücks in uns selbst suchen.
Ihre Selbsterkenntnis erfordert Ruhe und Zeit. **Die Zeit, die Sie durch das mentale Fasten gewonnen haben, ist Ihre ganz persönliche!** Nutzen Sie sie deshalb auch nur für sich selbst. Wenn es für Sie möglich ist, halten Sie sich täglich eine halbe Stunde Zeit für sich selbst frei. Benutzen Sie diese zur Reflexion oder Meditation, treffen Sie eine tägliche Verabredung mit sich selbst. Wie viele Stunden lang kümmern Sie sich jeden Tag um andere oder Probleme und Bedürfnisse anderer? Aber bei der Verabredung mit sich selbst stehen zur Abwechslung einmal Sie ganz im Fokus Ihres Interesses. Wer dafür keine Zeit aufbringen will, der ist sich selbst einfach nicht wichtig! Wenn Ihnen jetzt gerade schon eine Ausrede einfällt, warum Sie diese halbe Stunde täglich nicht erübrigen können, dann haben Sie vielleicht auch Angst vor einer allzu intensiven Begegnung mit sich selbst? Stellen Sie sich Ihren Gefühlen! Empfangen Sie sie freundlich und heißen Sie sie herzlich willkommen, denn auch sie sind ein Teil von Ihnen. Freunden Sie sich mit ihnen an, denn was Sie ablehnen, wird sich nur noch mehr verstärken. Lernen Sie sich gründlich kennen! Als ganze Person, mit Ihren Verdrängungsmechanismen, mit Ihren Gefühlen, mit Ihren Kompetenzen. Bauen Sie eine Beziehung zu sich selbst auf, eine Liebesbeziehung.

> *Nur wenn Sie sich selbst lieben, können Sie auch erwarten, geliebt zu werden.*

Fastentage einlegen

Meinen Hunden hatte ich, als sie übergewichtig waren, einen Fastentag in der Woche verordnet. An diesem Tag gab es nur Wasser als »Futter«. In relativ kurzer Zeit hatten sie ihr Idealgewicht wieder. Wir sind alle mental übergewichtig. Warum also nicht auch Fasten, um den mentalen Ballast nach und nach loszuwerden?

Fasten erleichtert

An welchem Tag Sie sich welches Thema vornehmen, bleibt natürlich Ihnen überlassen! Der nachfolgende Wochenplan ist nur als Empfehlung zu verstehen. Vielleicht haben Sie ja noch andere Themen, die Sie auf diese Art und Weise »entschlacken« wollen. Dann tauschen Sie die Themen doch einfach aus. Vielleicht ist es in Ihrer Familie weitaus wichtiger,

mal einen Tag des Fernsehfastens einzulegen? Wenn Sie sich auf den sonntäglichen »Tatort« freuen, sollten Sie nicht gerade den Sonntag zu diesem Fastentag machen. Aber ein anderer Tag des Fernsehfastens käme der Familie zugute, man könnte abends etwas gemeinsam unternehmen, ein Eis essen gehen oder mal wieder einen Spieleabend veranstalten. Würde Ihnen das gefallen? Machen Sie doch Ihren ganz persönlichen Wochenfastenplan!
Sie sind am Freitag zu einem Fest eingeladen und haben gerade diesen Tag zu Ihrem »Suchtfastentag« bestimmt? Dann muss es wohl einmal ohne Genussgifte wie Nikotin, Alkohol, Zucker gehen. Fangen Sie jedoch lieber klein an und leben Sie an einem normalen Mittwoch ohne Süchte. Halten Sie für geraume Zeit an genau diesem Wochentag fest. Sie werden sich daran gewöhnen!

Montag: Mein »Gedanken-Fastentag«

Was sehen Sie als Ihre persönlichen »Dauerbrenner«? Als Gedanken, die Ihr Leben bestimmen, die Sie nicht loslassen? Der Mensch denkt fast pausenlos. Das ist an sich sinnvoll, und vieles ist uns gar nicht bewusst. Angefangen bei vollkommen banalen Gedanken wie »Was ziehe ich heute an?«, »Was koche ich heute?« bis hin zu sorgenvollen Gedanken wie »Woher nehme ich das Geld für die nächste Autoreparatur?« und »Hoffentlich ist mein Befund in Ordnung!«. Da wir selbst mit unseren Gedanken unsere Realität gestalten, ist es wichtig, was wir denken. **Gehen Sie etwas zu sich selbst auf Distanz und registrieren Sie aufmerksam, was Sie den Tag über so denken.** Kaufen Sie sich einen Haftnotizblock und schreiben Sie alle Gedanken, den Sie gerne los wären, auf je einen Zettel. Kleben Sie diese an eine Stelle in Ihrer Wohnung, vielleicht auf die Badezimmertür?

Wenn Sie mal eine Woche lang auf diese Art Ihre Gedanken gesammelt haben, ist es Zeit, sie zu sortieren. Gibt es welche, die immer wiederkommen? Denken Sie beispielsweise, wenn etwas schief geht: »Schlimmer geht's immer!«? Dann dürfen Sie sich nicht wundern, dass etwas noch Schlimmeres eintrifft! **Das Gehirn folgt Ihren Gedanken und schafft die Realität, in der es dann auch immer schlimmer wird.**

Also Schluss mit diesem Gedanken! Dafür haben Sie zwei Möglichkeiten: Sie gestalten den Gedanken um. Das Gegenteil von schlimm ist gut. »Alles wird gut« ist also die bessere Formulierung. Unser Gehirn reagiert aber noch besser auf Fakten, also auf Dinge, die bereits passiert sind. Mehr Stärke hat der Gedanke »Alles ist gut«, wenn Sie ihn vor sich sehen. Also schreiben Sie sich Ihren neuen Gedanken mit rotem Stift ebenfalls auf eine Haftnotiz und kleben Sie auch diese an Ihren Badezimmerspiegel oder einen anderen Spiegel im Haus, in den Sie häufig schauen.

Die Zettel mit den negativen Gedanken, die Sie nun nicht mehr denken wollen, packen Sie ins Tiefkühlfach. Beginnen Sie mit einem Gedanken und fahren Sie dann von Montag zu Montag mit je einem neuen fort. Jedes Mal, wenn der Gedanke wieder erscheint, sagen Sie zu ihm: »Stopp, du bist im Tiefkühlfach« und stellen sich diesen Ort vor Ihrem inneren Auge vor. Wenn Sie einen »großen« Gedanken haben, der Sie verfolgt, können Sie sich auch für diesen ein

Symbol suchen und es an einen bestimmten Ort packen. In eine Kiste oder in einen Schrank (siehe auch »Mit Symbolen arbeiten«, Seite 38). Visualisieren Sie das gewählte Symbol und den Ort, wann immer der unerwünschte Gedanke sich wieder einschleicht. Auf diese Weise können Sie ihn dann nach und nach vermeiden. Überlegen Sie sich nun, was Sie in Zukunft alles vermeiden wollen, und machen Sie sich dann Ihren persönlichen Fastenplan.

Dienstag: Mein »Ich-kann-nicht-Nein-sagen-Fastentag«

Diejenigen, die wirklich schlecht Nein sagen können, vertreten die Haltung »Das kann ich eben nicht« vehement. Heute ist also der Tag, an dem Sie Ihre Haltung ändern.

Sie können die restlichen sechs Tage der Woche nach wie vor der Meinung sein, dass Sie nicht Nein sagen können. Aber für heute wird diese Überzeugung aufgegeben.

Sie werden um einen kleinen Gefallen gebeten und erklären sich bereit zu helfen, obwohl Sie dazu eigentlich kaum Zeit haben? Sie sollen auf die Kinder Ihrer Freundin aufpassen? Einen Kuchen backen? Beim Umzug helfen? Ist Ihr erster Reflex sofort zuzusagen? Und sich hinterher wieder darüber zu ärgern? Horchen Sie zuerst für einen Moment in sich hinein. Was sagt Ihr erster Impuls? »Nicht schon wieder?« »Warum fragen die immer mich?« »Ich kann nicht mehr!« Und am Ende sagen Sie dann doch zu? Dieses Verhalten kann mehrere Ursachen haben: Sie wurden von einem wirklich guten Freund gebeten, und wirklich gute Freunde lässt man nicht hängen. Sie sind von Natur aus ein hilfsbereiter Mensch und helfen, wo immer Sie können. Oder Sie sind einfach nicht in der Lage, Nein zu sagen, und werden deshalb manchmal auch ausgenutzt.

Wer nicht in der Lage ist, für seine Interessen einzustehen, auch wenn diese vielleicht gerade mal denen der anderen entgegenstehen, der ist nicht wirklich erwachsen. Denn nur ein Kind tut kritiklos, was andere von ihm erwarten. Manche Kinder tun das aber nie. Je nachdem wie ausgeprägt Ihr Selbstbewusstsein ist, je nachdem wie abhängig Sie von der Meinung anderer sind, werden Sie mehr oder weniger gut auch mal Nein sagen können.

Die Bedürfnisse der anderen immer befriedigen zu wollen bedeutet, dass man von deren Anerkennung und Liebe abhängig ist. »Wenn ich nicht

> *Denken Sie an sich selbst und sagen Sie Nein, zu allem, was Ihnen nicht gefällt!*

helfe, werde ich nicht geliebt«, lautet die innere Überzeugung der Jasager. Die Anerkennung anderer ist ihnen oft wichtiger als das eigene Wohlbefinden. Vielleicht schöpfen Sie Ihr gesamtes Selbstbewusstsein daraus? **Lieben Sie sich zunächst einmal selbst, bevor Sie beginnen, andere zu lieben.** Sonst werden Sie immer abhängig bleiben von anderen, und Ihre daraus resultierende Hilfsbereitschaft wird oft bis zur Erschöpfung ausgenutzt werden.

Aber was kann Ihnen schlimmstenfalls passieren, wenn Sie mal »Nein« oder »Nein, ich kann nicht« oder »Nein, ich habe keine Lust« sagen? Probieren Sie es einfach mal aus! Es wird Ihnen gar nichts passieren, außer dass Sie sich vielleicht anfangs ein wenig unwohl fühlen. Denn derjenige, der Sie fragt, kann sich dann ein anderes »Opfer« suchen, und das wird ihm sicher nicht schwerfallen.

Suchen Sie sich ein Symbol für Ihre Unfähigkeit, Nein zu sagen. Schauen Sie sich in Ihrer Umgebung um: Zum Beispiel ein Herz, das für Ihr Bedürfnis steht, geliebt zu werden? Schließen Sie dieses Symbol nur an diesem Dienstag weg. Vielleicht werden Sie ja heute gar nicht um einen Gefallen gefragt? Vielleicht müssen Sie ja heute keinem gefallen? Und falls doch, antworten Sie mit einem klaren »Nein« und Punkt. Es folgt keine Rechtfertigung oder Erklärung, keine langatmige Begründung Ihrerseits. Und halten Sie die Pause im Gespräch aus, falls eine folgt! Nein zu sagen ist reine Trainingssache. Vielleicht schleift sich Ihr neues Verhalten auch über den Dienstag hinaus ein? Seien Sie nicht überrascht, dass Sie sich langsam verändern! **Denken Sie daran, Sie treffen die Entscheidung, Ja oder Nein zu sagen, nach wie vor selbst!**

Mittwoch: Mein »Schlechtes-Gewissen-Fastentag«

Ein schlechtes Gewissen zu haben ist etwas zutiefst Menschliches. **Das Gewissen ist eine moralische Instanz in uns, die sich immer dann meldet, wenn wir gegen die für uns gültige Moral verstoßen.** Insofern ist es eine sinnvolle Instanz, die für unser friedliches Zusammenleben nötig ist. Das schlechte Gewissen meldet sich aber auch dann, wenn wir gegen jene Regeln verstoßen, die uns durch die Erziehung auf den Weg gegeben wurden. Und diese sind von Mensch zu Mensch recht unterschiedlich und mal mehr und mal weniger sinnvoll. Wenn man mit der Regel aufgewachsen ist, dass Pünktlichkeit das oberste Gebot ist, wird man auf seine eigene Unpünktlichkeit immer mit diesem negativen Gefühl des schlechten Gewissens reagieren.

Dieses Gefühl ist ein Schuldgefühl, das wir seit früher Kindheit mit uns herumtragen können und nur ganz schlecht wieder loswerden. Wenn wir als Kind gegen die Regeln der Eltern verstoßen haben, meldete es sich. Und wenn wir uns als Erwachsene nicht davon frei gemacht haben, meldet es sich auch heute noch.

Welche Ereignisse, welches eigene Verhalten löst in Ihnen das schlechte Gewissen aus? Wann und wo meldet es sich? Beobachten Sie sich und den Anlass! Die Aussage beispielsweise »Meine Mutter macht mir ein schlechtes Gewissen, weil ich mich so selten melde« verdreht die Tatsachen. Die Mutter macht gar nichts, vielleicht sagt sie nicht mal etwas. Schlechtes Gewissen ist ein Gefühl, das in uns selbst entsteht, das wir uns also selbst machen. Und wie immer bei diesen »selbst gemachten« Gefühlen können nur wir selbst diese Empfindungen rückgängig machen oder abschaffen.

Verhalten Sie sich doch erwachsen! Also einfach so, dass Sie Ihr Tun und Handeln vor sich selbst verantworten können. »Ich melde mich, wann immer ich kann und will« wäre eine mögliche Haltung, die Sie gegenüber Ihrem schlechten Gewissen einnehmen könnten. **Wer anderen gegenüber oft ein schlechtes Gewissen hat, der hat auch das Problem, es anderen immer recht machen zu wollen.** Aber es allen recht zu machen ist einfach nicht möglich! Bei unserer Hochzeit zum Beispiel haben mein Mann und ich den Ärger unserer Eltern auf uns gezogen, weil sich jeder von ihnen das Fest anders vorgestellt hatte. Aber egal wie wir es gemacht hätten, allen hätten wir es nie recht machen können. Und so haben wir eines getan: Wir haben so gefeiert, wie wir es wollten, und es uns recht gemacht!

Gehen wir mal davon aus, dass ein jeder von uns nur dieses eine Leben hat. Dann haben wir die Aufgabe, dieses Leben nach unserer eigenen Weise so zu leben, dass man den an-deren nicht schadet. Dabei zielt die Absicht, von allen geliebt zu werden, indem man ihren Wünschen entspricht, auf etwas Unmögliches. Das einzige, was uns möglich ist, ist nach unserer eigenen Vorstellung glücklich zu werden. Und diese deckt sich eben nicht immer mit der Vorstellung anderer!

Vielleicht haben Sie einer Instanz oder einer Person gegenüber immer und immer wieder ein schlechtes Gewissen. Dann überdenken Sie doch einmal Ihr Handeln. Sollte es verändert werden? Falls ja, dann suchen Sie sich ein Symbol für dieses schlechte Gewissen und verstauen Sie es an einem bestimmten Ort. Immer wenn sich das Gefühl meldet, sagen Sie sich nun »Stopp!« und visualisieren das gewählte Symbol und den Ort, den Sie dem schlechten Gewissen zugeteilt haben. Dort kann es sich auflösen!

Machen Sie sich unabhängig und werden Sie nach Ihren eigenen Vorstellungen glücklich!

Donnerstag: Mein Konsumfastentag

Unsere Umgebung wirkt auf unsere Psyche und unser Wohlbefinden, denn die materielle Welt ist ebenfalls ein Spiegel unserer Innenwelt. Wenn wir denken, dass wir glücklicher sind, wenn wir materielle Güter anhäufen, fallen wir aber bedauerlicherweise einem Missverständnis zum Opfer. Es mag uns kurzfristig besser gehen, wenn wir uns etwas Schönes, Neues gekauft haben, aber eine langfristige Verbesserung unserer Lebensqualität wird dadurch nicht erfolgen. Wir kaufen und konsumieren so viel, wie unsere finanziellen Mittel erlauben. Manche Menschen gehen sogar noch weiter und überziehen ihr Konto für ihren Konsumtrieb. Meist ohne dass wir uns oder sie sich darüber im Klaren sind, was wir oder sie tun. Es vergeht so gut wie kein Tag, an dem wir kein Geld ausgeben. Einkaufen zu gehen ist eine normale Handlung oder für manche auch ein Hobby. Am Samstag geht man »shoppen«, ohne es zu hinterfragen. Was passiert, wenn Sie sich vornehmen, mal einen Tag in der Woche kein Geld auszugeben – keinen einzigen Cent? Falls Sie diese Idee vollkommen ablehnen und unter der Tatsache, nicht einkaufen zu gehen, wirklich leiden würden, sollten Sie Ihr Kaufverhalten einmal ernsthaft überprüfen! Denn übermäßiges Einkaufen ist eine ernst zu nehmende Sucht. Wie stark Ihre Abhängigkeit ist, werden Sie nur dann herausfinden können, wenn Sie sich mal auf »Entzug« begeben. Probieren Sie es aus! Heute, am Donnerstag, wird nichts eingekauft! Sie finden sicher noch etwas in Kühlschrank und Vorratskammer und werden schon nicht verhungern.

Umgeben Sie sich nur mit Dingen, die Ihr Leben erleichtern und die Sie wirklich mögen!

Besinnen Sie sich auf Dinge, die Sie auch ohne Geld bekommen und die glücklich machen.

Wenn Sie daran gewöhnt sind, in der Mittagspause essen zu gehen, verzichten Sie auch darauf. Machen Sie sich zu Hause ein Brot, das Sie mitnehmen, packen Sie noch einen Apfel dazu, und fertig ist die Mahlzeit. Heute wird kein, aber auch gar kein Geld ausgegeben. Am besten nehmen Sie Ihr Portemonnaie gar nicht erst mit! Mal einen Tag ganz bewusst kein Geld auszugeben, wird Sie sensibilisieren. Falls Sie an Kaufsucht leiden, ist Konsumfasten wie Entzug. Falls Sie sich keine Abhängigkeit eingestehen müssen, können Sie an so einem Tag auch viel über sich herausfinden. Wie schwer fällt es Ihnen, mal abstinent zu sein? Und das an einem Donnerstag, an dem Sie die Wochenendeinkäufe planen müssen.

So ein Tag kann auch ein Training darstellen für eventuell kommende schlechte Zeiten, in denen man nicht alles kaufen kann, was es auf dem Markt gibt. Dieser Tag kann auch die Chance sein, mal eine Nacht über eine Anschaffung zu schlafen. Sie können ja morgen losgehen und sich Ihren Wunsch erfüllen. Oder Sie bemerken am nächsten Tag, dass Sie mit diesem neuen Teil auch nicht glücklicher sein werden! Das Thema, über das sich an diesem Tag nachzudenken lohnt, ist die Frage, was Sie persönlich wirklich brauchen, um glücklich zu sein. Sind es materielle Güter, sind es käufliche Dienstleistungen, oder ist es weder das eine noch das andere? Wenn es Ihnen sehr schwerfällt, diesen Konsumfastentag einzuhalten, geben Sie sich eine kleine Hilfestellung: Stellen Sie gut sichtbar einen Glasbehälter auf, in den Sie das Geld werfen, das Sie an einem solchen Tag nicht ausgeben. Der Anblick dieses »Reichtums« wird Sie motivieren.

Freitag: Mein »Ich-muss-alles-wissen-Fastentag«

Sie sind ein Informationsjunkie? Was passiert, wenn Ihr Tag nicht mit einer Zeitung oder einer Radiosendung beginnt? Geht gar nicht? Sie werden unruhig? Sie denken, Sie könnten auf die Geschehnisse der Welt Einfluss nehmen, nur weil Sie darüber informiert sind? Ob sich Ihre Sucht oder Ihr Interesse auf politische Nachrichten oder auf Sportergebnisse bezieht oder auf Tratsch und Klatsch der Prominenz, ist ganz egal. Vielleicht geht es Ihnen auch nicht um die Nachrichten, sondern um Informationen, die sich auf Ihren Beruf beziehen? Sie haben das Gefühl, den Anschluss zu verlieren, sobald Sie mal einen Fachzeitschriften- oder Internetartikel verpasst haben? Sie checken spätabends noch Ihre E-Mails, Ihre Handynachrichten und die News im Internet? An sich ist dagegen nichts einzuwenden, aber vielleicht leidet Ihre Familie darunter? Unterscheiden Sie hier zwischen beruflicher Notwendigkeit

und privater Neugier. Das Erstere hat natürlich Priorität, privat kann die Information aber schon mal ein paar Stunden warten!

Beobachten Sie Ihr Verhalten doch auch mal im Urlaub. Ist Ihr Informationsbedürfnis so stark, dass Sie sich wirklich täglich damit beschäftigen müssen? Falls sich Ihre Mitreisenden schon beschweren und Ihre zwischenmenschlichen Beziehungen darunter leiden, birgt Ihr Verhalten ein Suchtpotenzial.

Machen Sie einen »Entzug«, aber entwöhnen Sie sich langsam, Tag für Tag. Wie wäre ein Morgen ohne Tageszeitung am Frühstückstisch, dafür mit einem Gespräch mit Ihrer Familie? Setzen Sie Prioritäten und lassen Sie das los, was Ihr Leben nicht unmittelbar bereichert! Reduzieren Sie Ihr Informationsbedürfnis um die Hälfte auf das, was Ihnen am wichtigsten ist. Niemand ist verpflichtet, stündlich den neuesten Wetterbericht zu hören!

Versuchen Sie, einen Tag ohne Ihre geliebten Informationen und abends ohne Fernsehen auszukommen. Sie könnten mal wieder ausgehen und Kultur aus erster Hand erleben. Anstatt der scheinbar wichtigen weltpolitischen Themen sind die Nachrichten aus der Welt Ihrer Kinder und Ihrer Familie vielleicht weitaus interessanter. Widmen Sie sich mit voller Aufmerksamkeit dem Leben Ihrer Lieben. Oder gönnen Sie sich einen Moment der Ruhe und lauschen Sie zur Abwechslung mal in sich hinein. Was gibt es da für News, die Sie interessieren könnten?

Zwischenmenschliche Beziehungen sind wichtiger als Informationen. Verbringen Sie die Zeit mit Ihren Lieben, die Nachrichten stehen morgen auch noch in der Zeitung.

Samstag: Mein »Ich-werde-gebraucht-Fastentag«

Der Samstag ist traditionell der Tag des Hausputzes, in Süddeutschland der Kehrwoche, der Hausarbeit. Auch umgezogen wird oft am Samstag. Hierzu sind immer helfende Hände willkommen, und falls Sie zu den hilfsbereiten Menschen gehören, haben Sie sicherlich am Samstag keine Langeweile. Besitzen Sie auch noch ein großes Auto, in dem sich allerhand transportieren lässt, können Sie sich vor Anfragen kaum retten. Je nachdem, welchen Beruf Sie haben, kann es sein, dass Sie auch an anderen Tagen schwer gefragt sind. Als Steuerberater wird man immer gebraucht, um seinen Freunden in Steuerfragen Ratschläge zu erteilen, eine Innenarchitektin fragt immer jemand nach einem Einrichtungsrat, bei Automechanikern und Ärzten sind Ferndiagnosen immer gefragt. Rechnen Sie mal die Minuten zusammen, die Sie damit verbringen, Ihre Familie, Freunde und Bekannte zu beraten, und rechnen Sie Ihre Zeit auf ein Jahr hoch. Auf wie viele freie Tage würden Sie kommen?

Sie tun das sicher gern, fühlen sich vielleicht auch etwas geehrt, dass Ihr Wissen so gefragt ist. Es stellt sich aber die Frage, inwieweit Sie abhängig sind vom Wohlwollen und Lob Ihrer Bekannten und Freunde. Bringt es Ihnen soviel Befriedigung oder Anerkennung, dass Sie in Ihrer Hilfe einen tieferen Sinn sehen? Oder wird es Ihnen ab und zu lästig, ständig am Telefon zu hängen oder auf Abruf bereitzustehen? **Gönnen Sie sich einen Tag in der Woche, an dem Sie mit »Nein« auf die Frage »Könntest du nicht mal …?« antworten.** Welches Risiko gehen Sie ein? Was kann Ihnen schlimmstenfalls passieren? Sie können ja immer noch sechs Tage in der Woche hilfsbereit sein, nur an diesem einen eben nicht. Sie müssen nur einen Tag in der Woche auf dieses »Ich-werde-gebraucht-Gefühl« verzichten. Falls Ihnen das für den Anfang zu krass erscheint, beginnen Sie mit einem »Ich-werde-gebraucht-Fastentag« pro Monat. Sagen Sie ganz ehrlich: »Nein, heute nicht« – und auch das wieder ohne Rechtfertigung. Wenden Sie sich stattdessen Ihren echten Freunden und Ihrem Partner zu. Fragen Sie sich, womit Sie ihnen eine Freude machen könnten. Schenken Sie ihnen mehr von Ihrer Zeit, unternehmen Sie am Samstag mal lieber etwas mit Ihrer Familie oder Ihrem Partner, anstatt wildfremden Menschen zu helfen!

Menschen, die viel von anderen gebraucht werden, haben oft selbst Unterstützung nötig. Wie könnte die Hilfe aussehen, die Sie brauchen? Lernen Sie ab und zu andere um Unterstützung zu bitten. Das fällt Helfern oft sehr schwer. Aber denken Sie daran, welch gutes Gefühl es ist, jemandem helfen zu können. Dieses Gefühl kennen Sie doch nur zu gut.

Gönnen Sie dieses Gefühl doch auch mal Ihren Helfern!

Helfen ist Geben, und Hilfe annehmen ist Nehmen. Beides sind die verschiedenen Seiten der gleichen Münze. Wer gern und viel hilft, der gibt meist mehr, als er in der Lage ist zu nehmen. Wer gibt, ist auch in der viel stärkeren Position. Jene, die nehmen müssen, weil sie auf Hilfe angewiesen sind, sind die Schwächeren. Fällt es Ihnen vielleicht aus diesem Grund leichter zu geben, als zu nehmen?

Stellen Sie sicher, dass Ihre persönliche Bilanz ausgeglichen ist. Nehmen Sie ungern Geschenke oder auch nur Dank an? Sind Ihnen Komplimente peinlich? Machen Sie Ihren Samstag zu einem »Ich-darf-auch-nehmen-Tag«. Lassen Sie sich wieder einmal ausführen, ins Kino oder zum Essen einladen. Oder gönnen Sie sich selbst mal etwas richtig Gutes!

Wer geben kann, muss auch nehmen können! Also lassen Sie sich auch einmal helfen!

Sonntag: Mein ganz-persönlicher-Fastentag

Falls Ihnen ein weiteres Thema einfällt, das Sie gerne loslassen möchten, dann wäre der Sonntag ein guter Tag dafür! Die im letzten Kapitel aufgeführten Fastenthemen sind bestimmt noch nicht ausgereizt. Welches könnte Ihr ganz persönliches Fastenthema sein, das Sie heute bearbeiten möchten?

Was sehen Sie als Ihre individuellen Schwächen? Haben Sie beispielsweise eine Neigung zum Schwarzsehen? Sind Sie ein Jammerer? Tendieren Sie dazu, ein Hypochonder zu sein? Zählen Sie zwanghaft Kalorien? Oder ertappen Sie sich immer wieder dabei, das Leben anderer kontrollieren zu wollen? Der Sonntag wäre ein Tag für Ihr ganz persönliches Thema. Oder aber Sie tun am Sonntag mal nichts! Planen Sie nichts, zwingen Sie sich auch nicht, an sich zu arbeiten. Vergnügen Sie sich! An diesem Tag in der Woche könnten Sie sich entspannen, selbstbestimmt Ihre Zeit verbringen, die Möglichkeit wahrnehmen, spontan zu handeln.

Betrachten Sie den Sonntag als Ihren Urlaubstag. Schlafen Sie aus oder gehen Sie früh joggen. Holen Sie sich Brötchen vom Bäcker oder pressen Sie sich frischen Orangensaft. Telefonieren Sie im Bett oder verstecken Sie das Telefon.

Sonntag ist traditionell ein Familientag. Aber lassen Sie sich nicht von der Familie unter Druck setzen, indem Sie beispielsweise um halb neun das Frühstück auftragen müssen, obwohl Sie lieber ausgeschlafen hätten. Finden Sie einen Kompromiss, der beiden Seiten gerecht wird.

Finden Sie wieder heraus, was Ihnen am meisten Spaß macht. Gehen Sie wandern. Oder sehen Sie sich im Kino mal in der Matinee einen Film an. Genießen Sie ein Sonnenbad. Tun Sie etwas für Ihr Wohlbefinden und machen Sie einen Wellnesstag. Vielleicht mit einem Saunabesuch, einer Massage und einem Vitamincocktail. Oder pflegen Sie sich zu Hause mit einer Gesichtsmaske und einem Verwöhnbad. Nehmen Sie sonntags vor allem den Druck und die Geschwindigkeit aus Ihrem Alltag. **Der Sonntag ist ein Loslasstag!** Lassen Sie Ihren Stress los, und lassen Sie die Erwartungen anderer los. Am Sonntag fließt weniger Energie, jeder schaltet sonntags einen Gang zurück. Setzen Sie sich am Sonntag nicht unter Druck und meiden Sie den Freizeitstress! Seien Sie ganz Sie selbst! Stellen Sie sicher, dass Sie Ihr eigenes Programm haben, nicht fremd gesteuert von gesellschaftlichen Normen. Es kann eine Weile dauern, ehe Sie zurückfinden zu Ihrem ganz persönlichen Sonntagsprogramm: dem süßen Nichtstun!

 ## Die drei magischen Fragen:

Für die Zukunft: Nur, wenn Sie mindestens eine der folgenden Fragen mit Ja beantworten, darf etwas Neues in Ihr Leben:

- »Brauche ich das unbedingt?« (Habe ich nicht schon genug davon? Muss ich jetzt unbedingt ein neues Handy haben? Brauche ich wirklich ein neues Hobby? Muss ich Golf spielen oder sollte ich meine Tennisstunden weiter nehmen?)
- »Bereichert es mein Leben?« (Ist die neue Urlaubsbekanntschaft eine Bereicherung für mein Leben oder bekomme ich noch mehr Stress, da ich keine Zeit habe, noch eine Freundschaft zu pflegen?)
- »Macht es mich glücklich?« (Erfreut mich das neu gekaufte Teil auch noch am nächsten Morgen, oder habe ich nur im Laden das Gefühl, dieses Teil jetzt unbedingt besitzen zu wollen? Habe ich genügend Platz, sodass es mir zu Hause nicht gleich wieder Probleme bereitet?

Techniken des Loslassens

Um in Zukunft mentalen Ballast erst gar nicht mehr entstehen zu lassen, muss jeder drohende Ballast so schnell wie möglich aufgeräumt beziehungsweise entsorgt werden. Das erfordert natürlich, dass man bewusst lebt und Techniken entwickelt, täglich darüber zu reflektieren. Das könnte am Abend sein, dass Sie in einer Art »Rückschau« den Tag an sich vorbeiziehen lassen und dort anhalten, wo Sie merken, dass etwas Neues dabei ist, sich in Ihrem Leben breitzumachen. Tritt beispielsweise ein neuer Mensch in Ihr Leben ein, denken Sie darüber nach, ob er Ihr Leben bereichert. Dann stellt sich als Nächstes die Frage, welcher Ihrer alten Bekannten dafür etwas zurückstecken muss. Keine leichte Entscheidung! **Das Leben ist Wandel, auch Menschen kommen, begleiten uns einen Teil unseres Weges und gehen dann weiter oder entfernen sich zumindest etwas.**

Um sich selbst besser zu beobachten, hilft Ihnen ein Tagebuch. Denn das, was einmal aufgeschrieben wurde, kann dann auch besser losgelassen werden. Wenn Sie etwas loslassen wollen, schreiben Sie dazu: »Danke, dass du in meinem Leben warst, aber jetzt darfst du gehen.«

Wenn Sie etwas Neues in Ihr Leben aufnehmen, muss dafür etwas Altes gehen! Sie haben Ihren Job verloren, weil Ihr Chef Ihnen gekündigt hat? Jetzt suchen Sie einen neuen? Dann lassen Sie doch erst einmal den alten Job auch mental los, damit die Energien in die Richtung des neuen Jobs fließen können.

Alles, was Sie in negativer Weise noch an Altes bindet, blockiert Sie für Neues! Sie sind noch immer sauer auf Ihren Chef? Ärgern sich lange über sein Verhalten? Ihr Ärger bedeutet Festhalten. Diese Gedanken binden Sie! Sie sind noch wütend auf Ihren Ex und sinnen auf Rache? Erst wenn Sie diese Gefühle loslassen, kann etwas Neues geschehen!

Loslassen heißt Danken und Verzeihen

- Bevor Sie etwas gehen lassen, bedanken Sie sich! Sie finden immer etwas, wofür Sie dankbar sein können. Danken Sie für die Hilfe, die Erfahrung und die Einsicht. Dank setzt heilende Energien frei.
- Bedanken Sie sich schriftlich. Schreiben Sie einen Brief, den Sie nicht einmal schicken müssen.
- Übergeben Sie diesen Brief dem Element Wasser. Falten Sie daraus ein Schiffchen, vertrauen Sie es einem Bach oder Fluss an und lassen Sie es fahren (siehe Seite 116).
- Übergeben Sie diesen Brief dem Element Erde. Falten Sie den Zettel einfach und vergraben Sie ihn.
- Übergeben Sie diesen Brief dem Element Feuer. Verbrennen Sie ihn. Ihr Dank steigt als Rauch auf und wird energetisch gesehen dort ankommen, wo er hin müsste.
- Übergeben Sie diesen Brief dem Element Luft. Somit übergeben Sie Ihre Gedanken und Absichten dem Element Luft. Falten Sie das Blatt zu einem Flieger und lassen Sie ihn von einem hohen Punkt aus fliegen.
- Vollziehen Sie diese Rituale achtsam und bewusst.
- Übergeben Sie Ihre Botschaft einer höheren Instanz, an die Sie selbst glauben. Und wenn es nur die Instanz der Mutter Natur ist.
- Selbst Wut und Rachegedanken lassen sich in Dank umwandeln.
- Negative Gefühle binden ebenso wie die Liebe.
- Wenn Sie sich lösen wollen, danken und verzeihen Sie! Freiheit erlangen Sie, wenn Sie verzeihen. Verzeihen setzt Achtung und Liebe voraus, dann befreit es. So sind Sie nicht mehr an negative Gefühle gekettet.

FÜR DIE ZUKUNFT

Love it, change it or leave it – Liebe es, ändere es oder lass es los

Eine einfache Formel, die mehr Gelassenheit und Glück ins Leben bringt, ist aus der Ernährungsregel abgeleitet, die man befolgen sollte, wenn man in exotische Länder fährt. Dort heißt es dann: Cook it, peel it or leave it. Was so viel bedeutet wie: Wenn du es nicht kochen oder schälen kannst, dann lass lieber die Finger davon.

Wenn wir diese Formel zur Voraussetzung für ein glückliches Leben machen, heißt sie: Love it, change it or leave it. Also: Liebe es, ändere es oder lass es los. Freunde dich mit einer Situation an, und falls du das nicht kannst, dann versuch, sie zu verändern. Falls auch das nicht gelingt, dann lass sie los!

Kein Tag vergeht, an dem wir nicht genau an dieser Kreuzung stehen: Wir können es nicht ändern, wenn uns auf der Autobahn ein Raser von der Überholspur verdrängen will.

Wir können wütend werden und stur weiter links fahren. Wir können ihm verärgert den Weg frei machen. Oder wir können gelassen reagieren, die Spur wechseln, unsere Aufmerksamkeit der schönen Landschaft zuwenden und den Raser schnell vergessen. Das ist anfangs nicht so einfach, aber die Gelassenheit wächst mit der Übung!

Loslassen ist eine schwierige Übung in unserer Kultur, in der zählt, die Kontrolle zu bewahren und recht zu haben, in der Loslassen als Schwäche ausgelegt wird und nicht als das gesehen wird, was es ist: eine heimliche Stärke. Darum:

- Lass los, was du nicht wirklich brauchst!
- Lass los, was dein Leben nicht bereichert!
- Lass los, was dich nicht glücklich macht!
- Lass selbst das los, was du unbedingt haben willst!

Denn was du jagst, das flieht vor dir. Und was du loslässt, das folgt dir hinterher!

Strategien für die Zukunft

- Verabschieden Sie sich von alten Gewohnheiten.
- Lassen Sie alles los, was Ihnen schadet! Bedanken Sie sich vorher und sagen Sie: »Ich lasse dich los!«
- Lassen Sie erst etwas Neues in Ihr Leben – eine neue Gewohnheit, ein neues Hobby, einen neuen Menschen –, wenn Sie zuvor etwas Altes losgelassen haben.
- Akzeptieren Sie nur solche Gedanken, die Ihr Leben verbessern werden! Denn die Realität folgt den Gedanken.
- Meiden Sie alles, was Sie in eine Abhängigkeit führen könnte.
- Lassen Sie sich nichts von anderen aufschwatzen, das Sie nicht wollen. Sagen Sie rigoros Nein!
- Schauen Sie Ihre Ängste an und nehmen Sie ihnen so ihre Macht.
- Wählen Sie Filme, Bücher und Ihre Informationen bewusst aus. Schund schadet Ihrer Seele! Alles ist Energie: ein gutes Buch genauso wie ein schlechter Film!
- Lassen Sie die Finger von den Problemen anderer!
- Helfen Sie nur, wenn Sie darum gebeten werden.
- Fragen Sie sich bei neuen Bekannten, ob diese Personen Ihnen wirklich guttun werden.
- Entwickeln Sie ein Gefühl dafür, was Sie in Ihrem Leben unterstützt und was Ihnen schadet.
- Fragen Sie sich bei allem: »Brauche ich das unbedingt zum Leben?« Falls nein, dann fragen Sie sich weiter: »Macht es mich glücklich?« Bei einem »Ja« gewähren Sie Einlass in Ihre Seele und in Ihr Leben.

Bücher, die weiterhelfen

Berne, Eric: Was sagen Sie, nachdem Sie »Guten Tag« gesagt haben? Psychologie des menschlichen Verhaltens. S. Fischer Verlag, Frankfurt am Main

Engelbrecht, Sigrid: Lass los, was deinem Glück im Weg steht. Gräfe und Unzer Verlag, München

Gladwell, Malcolm: Tipping Point. Wie kleine Dinge Großes bewirken können. Goldmann Verlag, Berlin

Griscom, Chris: Leben heißt Lieben Die spirituelle Kraft des Weiblichen. Goldmann Verlag, München

Jeanmaire, Alexander: Der kreative Funke. Handbuch für Kreativität und Lebenskunst. Ars momentum Kunstverlag, Witten

Matschnig, Monika: Mehr Mut zum Ich. Sei du selbst und lebe glücklich. Gräfe und Unzer Verlag, München

Nussbaum, Cordula: 300 Tipps für mehr Zeit. Gräfe und Unzer Verlag, München

Pohle, Rita: Feng Shui für die Seele. Acht Wege zur eigenen Mitte. Ariston, München

Pohle, Rita: Weg damit! Entrümpeln befreit. Heyne Verlag, München

Spitzer, Manfred: Nervensachen. Geschichten vom Gehirn. Suhrkamp Verlag, Frankfurt am Main

Tepperwein, Kurt: Die geistigen Gesetze. Erkennen, verstehen, integrieren. Goldmann Verlag, München

Die Autorin **Dr. phil. Rita Pohle** studierte in Berlin Germanistik und Politologie, danach Industrial Design, und promovierte in Philosophie. Darüber hinaus ist sie zur systemischen Therapeutin ausgebildet. Frau Pohle lebt in Sulzfeld am Main und arbeitet dort selbstständig als Autorin, Designerin und Coach. Unter anderem hält sie Vorträge und gibt Seminare zum Thema Lebensgestaltung. Bekannt ist Rita Pohle, vor allem im Lebenshilfesegment, durch die Buchreihe *Weg damit* (Ariston Verlag).

Mehr Glück und Erfolg

GU Lebenshilfe – damit Sie sich rundum wohl fühlen

ISBN 978-3-8338-1370-2
48 Seiten

ISBN 978-3-8338-1136-4
192 Seiten

ISBN 978-3-8338-1274-3
118 Seiten

Bücher für alle Fragen des Lebens:

Bestens informiert – erfahrene Autoren geben Rat

Verlässlich – aktuelle Themen auf den Punkt gebracht

Üben und lernen – hilfreiche Tests und Tipps

Willkommen im Leben.

Wichtiger Hinweis

Die Beiträge in diesem Buch sind sorgfältig recherchiert und entsprechen dem aktuellen Stand. Abweichungen, beispielsweise durch seit Drucklegung geänderte www-Adressen etc., sind nicht auszuschließen. Weder die Autorin noch der Verlag können für eventuelle Nachteile oder Schäden, die aus den im Buch gegebenen praktischen Hinweisen resultieren, eine Haftung übernehmen.

© 2010 GRÄFE UND UNZER VERLAG GmbH, München

Alle Rechte vorbehalten. Nachdruck, auch auszugsweise, sowie Verbreitung durch Film, Funk, Fernsehen und Internet, durch fotomechanische Wiedergabe, Tonträger und Datenverarbeitungssysteme jeglicher Art nur mit schriftlicher Genehmigung des Verlags.

Projektleitung und Bildredaktion: Luise Heine

Lektorat:
Evelyn Boos, Schondorf

Korrektorat:
Jutta Weikmann

Satz: Knipping Werbung GmbH, Berg/Starnberg

Cover: Martin Barraud

Illustrationen:
Orlando Hoetzel

Syndication:
www.jalag-syndication.de

Umschlag und Gestaltung: independent Medien-Design, Horst Moser, München

Herstellung:
Claudia Labahn

Repro: Wahl Media GmbH, München

Druck und Bindung:
Druckhaus Kaufmann, Lahr

ISBN 978-3-8338-1921-6

2. Auflage 2010

Ein Unternehmen der
GANSKE VERLAGSGRUPPE